儲かる中小企業になる

ブランディングの教科書

事業再生コンサルタント・ブランドコンサルタント
寺嶋直史［著］

一般財団法人ブランド・マネージャー認定協会 代表理事
岩本俊幸［監修］

日本実業出版社

はじめに

　私は元々某総合電機メーカーで15年間勤務し、長年営業に従事していました。営業成績や新規顧客開拓数はダントツトップで、個人として平均の2～3倍の売上を維持しつつ、本書で紹介する「読むだけでプロの営業トークができる」1枚提案書や、顧客管理・営業マン管理のしくみを開発し、部門全体の業務効率化と営業の質向上を実現しました。

　また、様々なトラブルに対処する中で、問題解決の手法のしくみも構築し、既存顧客のトラブルに対処しつつ、積極的に新規開拓を実施できるスキルも習得しました。

　さらに、新商品企画も行い、個人で企画提案した商品が採用され、リリース翌年には主力商品となりました。その結果、社長賞や執行役員賞等、部門で多数の業績賞獲得に貢献し、個人では幹部候補にも抜擢されました。

　その後独立して、事業再生コンサルティング会社を立ち上げました。そして、主に小さな会社（いわゆる中小零細企業）向けに事業再生コンサルティングを行ってきましたが、その中で突き付けられたのが、小さな会社の現状です。

　具体的には、小さな会社は、大企業や比較的規模の大きな中小企業と比べて、圧倒的にヒト・モノ・カネの経営資源が足りないことです。

　そして、小さな会社に対するコンサルティングが、大企業などと同様に「相手に考えさせる」「相手に実施させる」「ヒントしか言わない」などといった、コンサルタントが具体的な施策の「答え」を出さない手法であり、結局思うような成果が出ていないことでした。

　かといって、再生が必要な小さな会社は、資金繰りに余裕がないため、多くのコンサルフィーを支払うことができません。そのため、月に何日も訪問して、べったりと会社に張り付いて指導する方法は、現実問題として困難でした。

そこで、小さな会社が、様々な問題を解決して「再生」し、自社で運営できるよう「自立」して、さらに「成長」するための「しくみづくり」を行うコンサルティング手法を、長年かけて徹底的に研究してきました。具体的には、小さな会社の抱える経営手法や現場に関する様々な問題の解決方法、売上アップの手法を「手順化」することです。
　特にブランディングは、一般財団法人ブランド・マネージャー認定協会「ベーシックコース・アドバンスコーステキスト」を参考に、小さな会社の現場でも即活用できるよう工夫しました。
　その結果、小さな会社が、元々あるヒト・モノ・カネの中でも、手順どおりに作業を行えば、様々な問題を解決でき、売上アップが実現できるようになりました。

　ここからは話を売上アップ１本に絞って記していきます。
　現在、私は事業再生コンサルタントとして、様々な業種の小さな会社の再生の支援をしていますが、そのほぼすべてのクライアントで課題になっているのが「売上アップ」です。
　彼らは売上アップに関して様々な施策を実行しているのですが、なかなか売上アップに結び付かないのです。そして営業マンや経営者の共通の悩みが、「どの書籍を読んでも、どんな研修を受けても、誰からコンサルティングを受けても、売上アップの方法がよくわからない」「何をやっても売上が上がらない」「成功事例で紹介される企業は元々すごい強みがあるので特別。私たちには真似ができない」ということです。
　世の中には、営業や販促、マーケティング、ブランディングに関する様々な書籍が多数出版され、各々の研修やセミナーも多く実施されています。
　しかし、書籍を読んでも、研修を受講しても、なかなか売上アップにつながらずに悩み続けている方が非常に多く存在しているのです。
　だからこそ、次から次へと新たな営業や販促、ブランディングの書籍が

出版され、雑誌でも定期的に営業特集が組まれるのです。
　しかし、営業などに関する書籍や雑誌等で特集される内容は、今も昔もそれほど変わっていません。つまり、今の営業が抱える様々な課題は、以前から発生していたものであり、現在も未解決のままなのです。

　例えば営業に関する書籍は、個人のスキルアップが中心です。しかし実際の現場では、特に小さな会社の場合、それらのスキルを完璧に習得することは極めて困難です。
　また販促の書籍では、チラシやニュースレター、販促ネタ、アンケートなど、手法が絞り込まれています。そのため、１つを実施しても効果は限定的で、安定した売上アップにはつながりません。
　マーケティングの書籍は、戦略論や、フレームワークによる分析手法などが中心で、それだけでは現場で活用するのは困難です。
　そしてブランディングの書籍は、理論や専門用語が中心のものや、元々強みのある企業の事例が中心で、一般的な小さな企業が抱える「当社の強みがわからない」という問題の解決にはなっていません。
　このように従来の書籍では、日本企業の大多数を占める、300万社を超える小さな会社のほとんどが、売上アップの問題を解決できていないのです。

　では、なぜ売上アップは難しいのでしょうか。
　細かい理由を挙げるとたくさん出てきますが、大きくは以下の３つです。

【売上アップが難しい３つの理由】
　①企業の商品・サービスの「価値」が不明確
　②営業・販促・マーケティング・ブランディングという売上アップの４手法
　　がバラバラに実施され、融合できていない

③売上アップの正しい手順（プロセス）が未確立

1つ目の「企業の商品・サービスの『価値』が不明確」というのは、自社商品の差別化要因、つまり自社の「強み」がわからずに営業を行っていることが多いためです。世の中はネット社会であり、顧客は様々な商品の情報を簡単に入手できます。

また、競争も激しく、差別化された「価値」がなければ、競合他社との低価格競争に巻き込まれてしまいます。

低価格競争が激しくなると、利益率が低下するため、財務体質が脆弱な小さな企業は生き残ることができません。また昔の営業のように、1社にべったり張り付いたり、何度も足を運んだりしても、効果は出にくい環境になっていますし、そもそも人材に余裕がないため実行できません。

2つ目は、「営業・販促・マーケティング・ブランディングという売上アップの4手法がバラバラに実施され、融合できていない」ということです。

営業・販促・マーケティング・ブランディングは、すべて売上アップの手法であり、本来であればすべてを融合して取り組まなければなりません。それにもかかわらず、それぞれ市場が分裂しており、取組みもバラバラで、横断的に対応できていません。

そもそも専門家でも、トータルで対応できる人材がいないのです。例えば、営業のコンサルタントに、販促の領域であるチラシの作り方を尋ねても、営業コンサルタントにとってチラシは専門外のため対応してくれません。反対に販促のコンサルタントに営業のやり方を聞いても、いい答えを得られません。

また、マーケティングコンサルタントは市場調査や分析が中心となるため、現場でどのようにアクションを取ればいいのかという具体的なアドバ

イスには強くありません。

　さらに、ブランドコンサルタントの多くはデザイナーであり、カタログなどの資料や、商品自体をきれいにデザインするのは得意ですが、これらをどうやって売上につなげるかの現場の施策については、ほとんど答えを持っていないのです。

　つまり、これらの4手法は、職種として分かれてしまっているので、別々に実施するのが当たり前になっているのです。

　3つ目は「売上アップの正しい手順（プロセス）が未確立」ということです。

　モノづくりは手順が決まっているので、モノづくりの素人であるパートさんが作ったとしても、スピーディに高品質の製品が製造できます。

　一方、営業活動や売上アップについては、何が正しい手順なのかが確立していないため、世の中に、確実に売上アップを実現する「手本」が存在していません。

　そのため、専門家も含めて皆それぞれ独自のやり方を確立し実施していますが、その成果は断片的で個人差があり、結局のところ、安定した売上アップが実現しないのです。

　それでは、どうすれば売上アップが確実に実現するのでしょうか。どうすれば長年の営業の課題が解決するのでしょうか。

　それは、次にあげる3つの問題点をクリアすればいいのです。

【小さな会社でも売上アップが確実に実現するポイント】
　①商品・サービスの「価値（強み）」を明確にする
　②営業・販促・マーケティング・ブランディングを融合する
　③売上アップの手順を設計する

これらをすべて実施することで、属人的だった売上アップの活動が「ルーチンワーク」になり、日々のルーチンワークをこなすだけで、自然とブランディングが行われ、自然と売上がアップするようになります。誰でも短期間で、低コストで、自然と売上アップが実現するのです。

本書は、以下の３点で「業界初」の内容になっています。
１つ目は、前述のとおり、売上アップの４手法である営業・販促・マーケティング・ブランディングを融合した手法を体系化したことです。
２つ目は、属人的で曖昧だった売上アップの手法を、これら売上アップの４手法を活用して体系化したことで、売上アップの活動をルーチン化できるようにしたことです。
３つ目は、強み（価値）の抽出から具体的施策まで、ブランディングの具体的施策を、経営資源の少ない小さな会社でも、簡単に継続して実施できるよう体系化し、誰でもブランド向上の具体的アクションが取れるようにしたことです。
本書は、これらを実現するノウハウがすべて詰まっています。そして本書の特徴は、現場であまり活用しない専門用語は一切使わず、徹底して現場で活用するノウハウにこだわっている点です。そのため、人材もお金もない小さな会社でも実現できますし、個人営業でも実施できます。以下に、本書のポイントをまとめます。

【本書のポイント】
①「机上論」や「アカデミック」な内容ではなく、徹底して「現場」で活用するノウハウやスキルにこだわっている
②強み・価値の発見方法がわかる
③営業・販促・マーケティング・ブランディング、この売上アップの４手法を融合する方法がわかる

④顧客の新規開拓からリピート、ファン化まで、売上アップの「全体設計」と、具体的施策の手順を構築する「詳細設計」の方法がわかる

⑤売上アップの手順の設計書「ブランド・アプローチマップ」、どんな販促手法にでも使える万能チラシ「1枚提案書」、その他「ブランド解説書」「営業管理ツール」「紹介ツール」など、現場で必須の様々なツールの紹介と作成方法、効果が出るノウハウがわかる

⑥各ツールは、事例を用いて具体的に表示しているので、本書で目指すべき完成形をイメージしながら自身のコンテンツを作成できる

⑦主要ツールである「ブランド解説書」「ブランド・アプローチマップ」「1枚提案書」のフォーマットのダウンロードサービス特典がついている

⑧本書は見開きで1項目、左が文章、右が図表という構成で、図表を見ながら文章で詳細な内容を読むことができるため、理解しやすい

⑨定義が広範囲でわかりにくかった「マーケティング」「ブランディング」について、範囲をピンポイントに絞り込んで「再定義」することで、「マーケティング」「ブランディング」とは何をすることなのかを、具体的かつわかりやすく示している

⑩以上により、ヒト・モノ・カネが乏しい小さな会社でも、営業未経験者でも、わかりやすく、すぐに取り組むことができる

このように本書は、今まで曖昧で、実現のハードルが高かった「売上アップ」と「ブランディング」について、徹底的にハードルを下げることに注力し、すべての中小企業で取り組めることを目指しました。

事業再生コンサルティングの現場では、経営や現場の様々な問題を解決するだけでなく、売上を安定的に向上させることが再生の鍵となります。

しかし小さな会社は、前述のとおり、大企業と違ってヒト・モノ・カネという経営資源が圧倒的に少ないのが現状です。営業をしたくても人がいませんし、様々な販促活動をしたくてもお金がないのです。

そのため、少ない人数で、少ないお金で、短期間で、適正利益を確保し

ながら売上を向上させなければなりません。そしてその利益と売上を持続していかなければならないのです。

　当然、安売りチラシをバラまいても意味がありません。なぜなら、売上は上がるかもしれませんが利益はガタ落ちしてしまうからです。しっかりと利益を確保しながら、安定して売上を向上させることが重要です。

　そして小さな規模の企業でも、再生を実現するためのポイントが、①商品・サービスの「価値（強み）」を明確にすること、②営業・販促・マーケティング・ブランディングを融合すること、そして③売上アップの手順を設計すること、の３点なのです。本書では、そのノウハウをすべて、詳細にわかりやすくお伝えします。

　１社でも多くの小さな会社、そして１人でも多くの営業マンが、本書によって安定した売上アップを実現させ、よりよい充実した仕事人生を送れることを願っています。

　　2019年９月

　　　　　　　　　　　　　　　　株式会社レヴィング・パートナー
　　　　　　　　　　　　　　　　代表取締役　寺嶋直史

儲かる中小企業になるブランディングの教科書 ◎ 目次

はじめに

第1章 ヒト・モノ・カネの乏しい小さな会社の厳しい現状

- **1-1** 顧客は「価値」がないと買わなくなった —————— 16
- **1-2** 低い知名度、経営資源の乏しさ……小さな会社の現状 —————— 18
- **1-3** 既存顧客の維持と新規顧客の開拓にも陰りが…… —————— 20
- **1-4** 小さな会社は「マス」で勝負すると失敗する —————— 22

第2章 数十年改善されていない問題だらけの営業活動

- **2-1** 売上アップの手法の1つ「営業」は種類が様々 —————— 26
- **2-2** 従来の営業は問題だらけ。数十年何も改善されていない① —————— 28
- **2-3** 従来の営業は問題だらけ。数十年何も改善されていない② —————— 30
- **2-4** 製造には、体系化された「しくみ」がある —————— 32
- **2-5** 営業には、体系化された「しくみ」がない —————— 34
- **2-6** 従来型営業支援(コンサルティング、研修)のメリット・デメリット —————— 36

第3章 販売促進・マーケティング・ブランディングの課題

- **3-1** 売上アップの手法は営業の他に3つある! —————— 40
- **3-2** 「売上アップの4手法」の目的と具体策 —————— 42

3-3	小さな会社の販促・マーケティング・ブランディングの問題点 — 44
3-4	小さな会社のコンサルティングの問題点 （営業・販促・マーケティング） — 46
3-5	小さな会社のコンサルティングの問題点（ブランド） — 48
3-6	売上アップ４手法の市場が分離している弊害 — 50

第4章 小さな会社でも、再生企業でも、ブランドは確立できる

4-1	小さな会社の生きる道は「ブランド」 — 54
4-2	小さな会社のブランディングが難しい背景を押さえる — 56
4-3	「ブランド力」の差とは具体的に何なのか？ — 58
4-4	小さな会社でも、再生企業でも、ブランドは確立できる — 60
4-5	売上アップの４手法を融合すると売上アップがルーチン化できる — 62
4-6	売上アップの手順設計によるルーチン化の概要 — 64
4-7	営業マジック！　営業マンの悩み解決を手順化しよう — 66

第5章 「ブランド」と「ブランディング」を理解する

5-1	売上アップの４手法の位置づけ — 70
5-2	マーケティングとは、「誰に」「何を」「どのように」を 明確にすること — 72
5-3	ブランドとは、会社名や商品名から連想する「価値イメージ」 — 74
5-4	価値を高めることで価格を上げることができる — 76
5-5	「ブランド」と「ブランディング」の整理 — 78
5-6	「ブランド・アイデンティティ」と「ブランド・イメージ」 — 80

5-7	「価値イメージ」を文章にしたものがブランド・アイデンティティ	82
5-8	3つの価値「機能的価値」「情緒的価値」「自己表現価値」	84
5-9	価値浸透の2ステップ「ブランド再認」と「ブランド再生」	86
5-10	ブランドは「資産」である	88
5-11	経営マジック！　ブランド・アイデンティティのビジョン化	90

第6章　売上アップの4手法の役割と販促のポイント

6-1	売上アップの手順の全体像	94
6-2	売上アップのルーチン化における4手法の役割	96
6-3	売上アップをルーチン化するための5大ツール	98
6-4	補足①　押さえておきたい販促のポイント(1)	100
6-5	補足①　押さえておきたい販促のポイント(2)	102
6-6	補足③　ブランド構築のもう1つの最重要事項「信頼関係構築」	104

第7章　ブランドのマニュアル「ブランド解説書」の概要

7-1	ブランド解説書の作成手順	108
7-2	ターゲット顧客の選定方法	110
7-3	顧客の問題点、ニーズ・ウォンツは「使用プロセス」からあぶり出す	112
7-4	マーケティングの最重要フレームワーク「3C分析」	114
7-5	「強み」「価値」「ベネフィット」の関係	116
7-6	強み発見方法①　「バリューチェーン」と「4P」を切り口に抽出する	118

- 7-7 強み発見方法② 「なぜなぜ分析」で真の強みを発見する ——— 120
- 7-8 強み発見方法③ 強みが見つからない時の対処法 ——— 122
- 7-9 「強みの活用」と「問題解決」を混同しない ——— 124
- 7-10 競合他社を分析する時のポイント ——— 126

第8章 ブランド解説書とワークシートの作成方法と事例

- 8-1 ブランド解説書の作成手順 ——— 130
- 8-2 ブランディングの目的と経営の基本事項 ——— 132
- 8-3 事業や業務のフローから強みを探るバリューチェーン分析 ——— 134
- 8-4 歴史・沿革や外部要因（機会・脅威）から自社の強みを探す ——— 136
- 8-5 ターゲット顧客、競合他社から自社の強みを探す ——— 138
- 8-6 3C分析① 顧客の抱える問題（潜在ニーズの発見） ——— 140
- 8-7 3C分析② 顧客のニーズ・ウォンツ（顕在ニーズの発見） ——— 142
- 8-8 3C分析③ 競合他社の強み・弱み ——— 144
- 8-9 3C分析④ 自社の強み、顧客のベネフィット ——— 146
- 8-10 3C分析⑤ 自社の弱み、顧客の不利益・解決案 ——— 148
- 8-11 ブランドのマニュアル「ブランド解説書」 ——— 150

第9章 「ブランド・アプローチマップ」による売上アップの設計

- 9-1 ブランド・アプローチマップのポイント ——— 154
- 9-2 売上アップの工程「顧客ステップ」は顧客の成長プロセス ——— 156
- 9-3 顧客を、「顧客ステップ」の1段ずつ成長させていく ——— 158
- 9-4 売上アップ全体のイメージが大切 ——— 160

9-5	ブランド・アプローチマップのフォーマット	162
9-6	ブランド・アプローチマップの目的とツール	164
9-7	事例① 一般企業のブランド・アプローチマップ	166
9-8	事例② 士業のブランド・アプローチマップ	168
9-9	事例③ 個人小売店のブランド・アプローチマップ	170

第10章 「1枚提案書」で誰でもプロの営業マン

10-1	様々な状況で使用できる万能チラシ「1枚提案書」	174
10-2	1枚提案書は、顧客の購買までの心理変化を体系化したもの	176
10-3	「AIDMAモデル」と「1枚提案書モデル」	178
10-4	すぐに興味を持ってもらう「キャッチフレーズ」	180
10-5	1枚提案書のフォーマットとプロセス	182
10-6	1枚提案書の項目説明	184
10-7	事例① コーティング剤の1枚提案書	186
10-8	事例② コンサルタント塾の1枚提案書	188

第11章 捨てられない「ニュースレター」「セールスレター」を作る

11-1	ニュースレターとセールスレターで接触回数を増やす	192
11-2	セットで展開させるが「混在」はNG	194
11-3	ニュースレターを構成する項目について	196
11-4	セールスレターを構成する項目について	198

第12章 リピーターとファンを増やす顧客管理の方法

- 12-1 新規顧客開拓の具体的手法 ——204
- 12-2 既存顧客営業の具体的手法 ——206
- 12-3 顧客情報は「顧客シート」と「顧客進捗表」に分けて管理する——208
- 12-4 「顧客シート」のフォーマットと管理のポイント ——210
- 12-5 「顧客進捗表」のフォーマットと管理のポイント ——212

第13章 営業マン管理とトークマニュアル、その他のツール

- 13-1 なぜ営業マンの管理は重要なのか ——216
- 13-2 「営業会議」による営業マン管理 ——218
- 13-3 「訪問スケジュール表」による営業マン管理 ——220
- 13-4 最初が肝心！「自己紹介」ツール ——222
- 13-5 「自己紹介スクリプト」でつかみはOK！ ——224
- 13-6 テレアポは「スクリプト」を作成したら意外と簡単！ ——226
- 13-7 営業マンに必要なスキルは「顧客軸」と「行動力」 ——228
- 13-8 よく活用されるその他の有効ツールも検討する ——230

おわりに

カバーデザイン／志岐デザイン事務所 (萩原 睦)
本文DTP／一企画

第1章

ヒト・モノ・カネの乏しい小さな会社の厳しい現状

1-1
顧客は「価値」がないと買わなくなった

●かつての市場／消費者の特徴

　高度成長期からインターネットが普及する前までは、「大量生産・大量消費」の時代でした。消費者は物欲を満たすため、便利な製品やおいしい食べ物などを追い求めていました。

　常にモノや情報は不足し、メーカー側と消費者の間では情報格差が生じ、商品数も限られていたため、消費者の選択肢は少なく、メーカーは「作れば売れる」、小売は「出せば売れる」、営業マンは「行けば売れる」時代でした。

●現在の市場／消費者の特徴

　1990年代以降インターネットが普及し、現在は誰でもパソコンやスマホを使うようになりました。企業の省力化・省人化で低価格化が進み、市場のグローバル化、異業種参入、AIなどのテクノロジーを駆使した企業の台頭などで、競争は極めて激しくなり、市場環境が加速度的に変化していきました。

　例えば、スマホ1つで電話、メール、写真、買い物、読書、テレビ、ゲームができますし、世界の人々とも簡単にやりとりができます。コンビニ弁当や総菜の質の向上により、一流料理店並みの料理を自宅で気軽に食べることも可能です。かつての消費者が追い求めてきた「便利なモノ」「おいしいモノ」が、安価で簡単に手に入るようになり、消費者の物欲は衰えていきました。

　さらにネット環境が充実したことで情報も簡単に得ることができるため、消費者の「見る目」が向上し、ニーズも多様化してきました。そのため高品質だけでは競争には勝てず、いかに個々の顧客のニーズに対応するかが

生き残るための重要な要素になっています。

　その結果、現在の顧客の購買は、「安さ」と「価値の高いもの」に二極化し、安さで勝負できない小さな会社は特定の価値を見出し、その価値を求めるターゲットに向けて高価格で販売しなければ生きていけなくなっているのです。

◪かつての市場／消費者の特徴◪

- 大量生産・大量消費、メーカと消費者は「1対多」の関係
- ニーズは画一的、個性なし
- 情報不足、メーカー側と消費者側で情報格差
- モノ不足の中、消費者は物欲を満たすため、より良いモノを追い求める
- 競合他社が少なく、消費者の選択肢少ない
- 「作れば売れる」「出せば売れる」「行けば売れる」時代

◪現在の市場／消費者の流れ◪

- モノは溢れ、モノの品質は向上し、安価で良質なものが簡単に手に入る時代になり、かつての消費者が求めた「便利なモノ」や「おいしいモノ」は、簡単に手に入るようになった
- 物欲がなく、モノを欲しがらなくなった
- ネット社会で情報が溢れ、情報の格差が縮小し、顧客の「見る目」が向上
- ニーズは多様化、メーカーと消費者の関係「1対1」に変化
- スマホ1つで何でもできる時代
- 競合他社は多く、低価格競争激化
- 高品質が当たり前、高品質だけでは生き残れない
- 市場のグローバル化、異業種参入、AI等のハイテクノロジー企業の台頭により、競争相手が世界の優良企業

↓

◪現在の市場／消費者の特徴◪

- 顧客の購買は、「安さ」か「価値の高いもの」の二極化
- 小さな会社は価格競争では圧倒的に不利、独自の「価値」を見出し、絞り込んだターゲットに向けて、高価格で販売しなければ生き残れなくなった

1-2 低い知名度、経営資源の乏しさ……
小さな会社の現状

● 小さな会社は大企業と比べて多くの問題を抱えている

　小さな会社は、大企業と比べて圧倒的に「ヒト・モノ・カネ・情報」の経営資源が乏しいのが現状です。

　「ヒト」とは人材ですが、特に地方では、人口減少により人手不足が深刻で、新たな人材の獲得が難しくなっています。

　「モノ」は設備や商品であり、大企業のように頻繁に設備投資できず、旧式設備を耐用年数や耐久年数を超えても使い続けています。そのため機能も低く、作業スピードも遅く、故障も多くなり、作業効率は低下して高コストの状況になっています。

　「カネ」は現預金（お金）です。小さな会社はお金が圧倒的に足りず、金融支援を受けないと存続できない会社も少なくありません。

　「情報」は、顧客情報を始めとした経営に活用すべき内部情報が整理されていないため、市場環境の変化に対応できず、単にルーチンを繰り返すだけの経営になっています。

　経営資源の他、知名度も圧倒的に足りません。そのため、大企業と比べて売上を上げるのが非常に難しいのです。

　例えば、大手食品会社が新商品を開発したら、日本全国のスーパー等の小売に一斉に商品が並びます。一方、小さな食品会社は新商品をリリースしても取り扱う小売店はほぼないため、地元の小さなスーパーに1社1社営業をかけなければなりません。

　また、消費者がモノを購入する時、選択肢に入るのは主に知っている会社の商品です。知らなければ、思い出すこともできないので、消費者が検討する土俵に上がってきません。

　その他、自社の強みを理解していない社長が多く、さらに顧客など市場

全体にも、小さな会社の強みはあまり浸透していません。

さらに、作業効率が低く無駄が多い、組織体制が未整備で組織の統制が取れず、戦略を現場に徹底できない、具体的な戦術が実施できない、OJTなどの育成体制が未構築で社員の成長が遅いなど、大企業に比べて小さな会社は、多くの問題があるのが現状です。

◪ 小さな会社の特徴（大企業との違い）◪

- 経営資源（ヒト：人材、モノ：商品・施設・設備、カネ：現預金）が圧倒的に乏しい
- 知名度が低い
- 財務基盤が脆弱（業績悪化で即資金ショートのケースあり）
- 内部の情報が未整備
- 経営のしくみ・PDCA未確立（経営会議・試算表振り返り未実施）
- 業務のルーチンが曖昧で、組織体制が未整備、役割不明確
- 経営体制が未構築、意思決定が不明確
- ネットワーク・販路が乏しい、営業力が弱い、商品開発力も弱い
- 育成体制なし（OJTなし、教育なし）
- 自社の強み、価値が何かを理解していない
- 高付加価値（差別化）があっても、その価値を発信するための人材不足・社員のスキル不足・カネ不足により発信できない
- 強み・価値が市場や顧客に浸透していない。社長自身も自社の強み・価値を理解していない
- 作業効率が低く無駄が多い、組織体制が未整備で組織の統制が取れず、戦略を現場に徹底できない、具体的な戦術が実施できない、OJTなどの育成体制が未構築で社員の成長が遅い、など

1-3
既存顧客の維持と
新規顧客の開拓にも陰りが……

● **著しい市場環境の変化に小さな会社はついていけてない**

　近年、各産業を取り巻く市場環境の変化が加速しています。人口減少、少子高齢化、低価格競争、グローバル化、ネットショップの台頭、低賃金、SNSによる膨大な情報の流通、モノ余り、若者の低欲望、IoT、AIなど、挙げればキリがありません。

　これら１つひとつの要素が、市場環境の変化に大きく影響し、かつ原因と結果の要素として複雑に絡み合っています。

　さらに、大企業やベンチャー企業が、最新のテクノロジーを駆使して新たな事業を始め、異業種に参入し、各社は生き残りをかけた大競争時代になっています。

　そのような中、特に小さな会社は経営資源に限りがあるため、最新のテクノロジーや市場環境の変化についていけず、従来どおりのやり方で、従来の商品を提供し続けているのが現状です。

● **小さな会社の多くが売上低迷で悩んでいる**

　その結果、小さな会社の多くは売上低迷に悩んでいます。大きな原因は、最新のテクノロジーに追従できないこともありますが、営業活動や販売促進、マーケティングやブランディングなどの、売上アップの活動が十分にできていないことが挙げられます。

　大きな会社は、営業の人材も豊富で、多くの営業マンが全国各地で営業活動をしています。資金力もあるため、様々なメディアで広告を出したり、チラシ等の販売促進を行っています。

　しかし小さな会社には、人材もお金もありません。その中でどうやって営業や販促活動を行っていけばいいのか、そのノウハウもありません。か

といって、コンサルタントに高額な報酬を出すこともできず、結局、従来と変わらない運営を行っているケースが多いのです。

◆小さな会社の多くが以下の問題を抱えている◆

- 売上が下がってきている
- 顧客の数が減ってきている
- 既存顧客からの注文が減ってきている
- 営業をしていないから、新規顧客が増えていない
- 営業を雇っても、すぐに結果が出ないから雇えない
- どうすれば売上アップできるのか、やり方がわからない
- お金がないから、新たな人材の投入ができない
- お金がないから、広告や販売促進に多くの費用をかけられない
- お金がないから、高い報酬を払ってコンサルタントを雇えない
- 人材がいないから、新たな施策を実施できない
- 結局、従来と変わらない営業、販促活動をしている
- また、営業・販促活動を実施せず、既存客とのみ商売している

1-4 小さな会社は「マス」で勝負すると失敗する

●小さな会社が販促で失敗するメカニズム

　大企業の営業は、営業マンの人数が多いため、不特定多数の顧客に繰り返し営業をかけています。販売促進は、テレビCMや雑誌など様々なメディアで、不特定多数向けに広告宣伝を展開しています。さらに、大量のチラシを大量に配布しています。

　これは、短時間で一気に大量の顧客へ情報を伝えることができるため、非常に効率的です。一方で、ターゲットではない多数の顧客にも伝達しているため、膨大な費用がかかり、多くの無駄が発生しています。これは経営資源の豊富な大企業だからできる手法です。

●小さな会社が販促で目指すべき方向性

　小さな会社は、ヒト・モノ・カネの経営資源が乏しいため、営業や販売促進に多くの人材や経費をかけることができません。

　それでも他に手法がないため、部分的に大企業と同様のマス向けに販売促進を実施しています。しかし、小さな会社にしては営業・販促にコストをかけているにもかかわらず、安定した成果には至りません。そのため結局、営業や販促を実施しなくなり、売上は減少、経営も悪化していくケースが多いのです。

　小さな会社は、自社の経営資源の範囲内でしか、営業や販促を実施できません。例えば、人材がいないため、あまり人手を必要としない、効率的な手法でなければなりません。

　また、資金も少ないため、人件費のかかる営業マンを多く雇用することはできませんし、多くの広告宣伝費も投入できません。その他、商品の種類も少ないため、1つひとつの商品を丁寧に売っていかないと売上が上が

りません。さらに、財務体質が脆弱なため、資金繰りに苦慮する会社も少なくありません。

このように小さな会社は、「効率的」「低コスト」で「短期間で成果を出す」ことが求められるのです。

◘大企業の営業・販促◘

- 多くの営業マンが不特定多数の顧客向けに営業を展開
- テレビCM・雑誌など様々なメディアで不特定多数向けに広告宣伝を展開
- 大量のチラシを不特定多数向けに配布

↓これは

- 短時間で一気に大量の顧客へ情報伝達している
- 一方で、ターゲットでない多数の顧客にもアプローチ

↓その結果

- 膨大な費用が発生している
- 多くの無駄が発生している

◘小さな会社の現状◘

- 経営資源が乏しいため、多くの人件費、多くの宣伝広告費をかけられない
- それでも、他に手法がなく、やり方もわからない

↓そのため

戦略性なく、部分的に大企業と同じマス向けに実施

↓しかし

- 営業・販促のコストがかかっているが、結果が出ない
- 結局、販売促進停止、売上減少、経営悪化

小さな会社の現状に合った、「低コスト」で「効率的」、かつ「短期間で成果が出る」、新たな手法で展開する必要がある

第1章 ヒト・モノ・カネの乏しい小さな会社の厳しい現状

第2章

数十年改善されていない
問題だらけの営業活動

2-1 売上アップの手法の1つ「営業」は種類が様々

●営業活動は個々の「営業特性」を踏まえて実施するのが理想

　売上アップの手法の1つに「営業」があり、その種類は様々で、手法や目的は異なります。

　例えば、一般消費者向けの「個人営業」の場合、売り込み相手が決裁者であるため、買うかどうかの判断を感情的に行います。そのため、交渉相手本人にのみ気を配ればいい反面、話し方や接し方、雰囲気づくりなど、売り込む商品以外にも気を配る必要があります。

　一方、企業向けの「法人営業」では、担当者以外の複数人で購入の是非を判断します。窓口担当者以外に決裁責任者は別に存在し、決裁は感情的ではなく合理的に判断されます。そのため、窓口の後ろにいるキーマンに情報が伝わるよう、口頭だけでなく、わかりやすい資料の提出が必要です。

　また、メーカーや一般消費者に直接販売する「直接営業」の場合、顧客と直接接するため、しっかりと自社の強みを伝えることができ、関係性を構築しやすいのが特徴です。

　一方で「間接営業」は、短期間で広範囲に営業を実施できる反面、中間マージンで利益率が低下し、外部の営業マンをコントロールするのが難しくなります。

　その他、「既存営業」と「新規営業」がありますが、これらの目的も手法もまったく異なります。

　したがって、個々の営業活動は、その企業や商品に適合した営業活動は何かを把握し、各々の種類の営業特性を知ったうえで取り組む必要があります。

　しかし実際、小さな会社は、それらを区別して実施されることはほとんどありません。多くの会社で、単純に「訪問して説明して受注の是非を確

認する」ことを繰り返しているだけです。

◧ 様々な営業活動 ◨

分類	種類	内容	特徴等	
対象顧客別	個人営業	個人（一般消費者）向けの営業活動	・交渉相手が決裁者 ・感情的に判断 ・営業マンとの相性が重要	
	法人営業	企業向けの営業活動	・決裁者が複数人存在 ・決裁責任者は窓口とは別 ・合理的に判断	
形態別	直接営業	メーカー、小売、一般消費者向けの営業活動	メリット	・直接顧客のニーズが把握しやすい ・関係性が構築しやすい ・利益率を高く設定できる
			デメリット	・営業活動に時間と労力がかかる ・営業担当の確保が必要
	間接営業	代理店・商社・卸売業向けの営業活動。ルートセールス	メリット	・人件費等の販管費を抑えられる ・短時間で広範囲に営業が可能
			デメリット	・ニーズの把握が困難 ・中間マージンで利益率が低くなる ・外部営業のコントロールが困難
手法別	既存営業	取引実績のある顧客向けの営業	目的	・信頼性獲得 ・リピーター、ファン化 ・個別の商品提案 ・横展開
	新規営業	取引実績のない顧客向けの営業	目的	・潜在顧客の取り込み ・顧客数の増加
内容別	提案営業	個別の顧客の課題解決のために提案を行う営業		
	お伺い営業	売上獲得のため、アポなしで様々な企業や個人を訪問して面談を申し込み、必要なものはないか確認して回る営業		
	御用聞き営業	顧客に御用を聞いて、望みの商品を届ける営業		
	飛び込み営業	アポなしで訪問し、商品を売り込む営業		

第2章 数十年改善されていない問題だらけの営業活動

2-2
従来の営業は問題だらけ。
数十年何も改善されていない①

● 戦略・戦術面、体制面、管理面の問題点

　従来の営業活動は、様々な問題点が存在しています。しかし、ここ数十年もの間、その中身はほとんど進化していないため、これらの問題は改善されず、現場では同じ問題を繰り返しています。

　ここで営業の様々な問題について整理したいと思います。

　まずは戦略・戦術面では、自社商品の強みやターゲット顧客が不明確なまま、会社として具体的な営業戦略や戦術を構築せず、かつてのように体力勝負で営業しています。

　また、実働部隊の営業部と、ツールを作成する企画部が分離しているため、現場に適合した最適なツールが構築されず、結局営業マンは「営業トーク」だけで勝負しています。

　体制面では、営業の手法が確立しておらず、営業活動のやり方が皆オリジナルであるため、何が正しい手法なのかが不明確で「これをやれば売上は上がる」という見本がありません。

　また、営業活動が属人的で組織的取組みができていません。本来「売上アップ」は会社として最重要課題のはずですが、経営者は関与せず、個人任せ、営業マンの力量任せになっています。

　管理面では、営業活動が個人任せのため、管理の方法がわからず、営業活動の「中身」の管理に焦点を当てられていません。そのため、外出が多ければ良し、たまたまでも予算を達成すれば良し、という表面的な評価しかできていません。未管理のため、放置客も多く、新規開拓も実施されていないケースも数多くあります。

　その他、小さい会社は優秀な人材の採用も難しく、今いる人材でやりくりしなければなりません。さらに、優秀な人材がいても、ノウハウや顧客

との関係性が個人に蓄積されるため、その人材が退社したら会社にノウハウが残らないばかりか、営業マンが退社と同時に顧客を持っていってしまうケースもあり、顧客流出のリスクが発生しています。

◆小さな会社が抱える、営業に関する様々な問題①◆

戦略戦術	・自社の強み、ターゲット顧客が曖昧 ・会社として具体的な営業戦略、営業戦術（施策）が構築できない ・効果的な営業ツールがない、作成できない、営業以外（企画部）が作っているので現場で使えない、どんなツールを作ればいいのかわからない ・売上アップの手法は色々あるのに、「営業トーク」だけで勝負している
体制	・営業活動のやり方が皆オリジナル、何が正しい手法かが不明確で、「これをやれば売上が上がる」という見本が存在しない ・営業の方法が確立していない、あるいは確立したしくみが非効率 ・営業活動が属人的で、組織的取組みができていない ・本来「売上アップ」は会社として最重要課題のはず。しかし経営者が関与せず、「個人任せ」「営業マンの力量任せ」になっている
管理	・個人任せの営業のため、営業活動の「中身」に焦点を当てられず、結局「外出が多ければ〇、少なければ×」「たまたまでも結果が良ければ〇、ダメなら×」というような表面的な評価しかできない ・営業マンの管理の方法がわからない。営業として正しい活動をしているのか、意味のない活動をしているのかが判断できない ・訪問していない既存顧客が多いが、放置されたまま ・新規開拓の営業をやらず、既存客ばかり訪問する ・優秀な人材を採用できない、そもそも新規採用が難しく、今いる人材でやりくりしなければならない ・個人任せの営業のため、営業のノウハウ、関係性（人脈）が「会社」ではなく「個人」に蓄積されてしまい、営業マンが退社した時、顧客が流出する恐れがある

2-3 従来の営業は問題だらけ。数十年何も改善されていない②

●指導・育成面の問題点

続いて指導・育成面では、個人任せの営業のため、管理者が営業成績不振者に対して的確な指導やアドバイスができません。

また、営業の書籍や研修、セミナーの多くは、営業マン個人のスキルアップに焦点が当たっているため、現場でなかなか再現できていません。

さらに、実績のある営業マンを採用しても成績が上がらないことも多くあります。前職の営業で成果を出していても、業種や商品が変更になると結果が出ないというケースは非常に多いのです。

営業マン個人については、個人差が大きく、中には、そもそも顧客とのコミュニケーションの方法がわからないという人も依然として多くいます。以前訪問した会社の再訪問では、前の訪問内容を忘れてしまい、前の訪問結果を次に活かせていないこともあります。

その他、そもそも商品自体が技術的に難しいなどの理由で営業マンが理解しきれず、理解が不十分なまま営業活動をし、内容が顧客に伝わらないこともあります。

●これら様々な問題の解決なしに、売上アップの実現は難しい

このように、営業の問題は非常に多く、内容も様々です。そのため、これらの問題を解決せずに従来のやり方を繰り返しても、売上アップは実現しません。

情報や競合が少ない大量生産大量消費の時代には、飛び込み営業をしたら相手は「教えてくれてありがとう」と言わんばかりに接してくれました。

しかし現在、ネットを見れば情報はすぐに入手でき、ニーズも多様化し、競争も激しくなっています。そのような中で、これらの営業の問題を解決

せずに、以前と変わらない営業を繰り返しても、成果は期待できません。

◧小さな会社が抱える、営業に関する様々な問題②◧

指導育成	・個人任せの営業のため、営業成績不振者への的確な指導、アドバイスができない ・個人任せの営業のため、会社として営業マンを育成できない。教える内容が偏る ・営業教育が「営業マン個人のスキルアップ」に焦点が当たっているが、なかなか現場で再現できない ・営業本を読んでも、営業研修・セミナーを受けても、実務で実行できない ・実績のある営業マンを採用したが、自社で成績が上がらない。優れた営業マンでも、業種が変わると成果を出せない
個人	・コミュニケーションの方法がわからない ・営業の力量に個人差が大きい ・以前訪問した内容を忘れる、訪問して報告して終わり、内容を吟味しない。中身を整理したものがないので見返すのに手間がかかってしなくなる ・そもそも商品自体が（技術的に）難しく、営業マンが理解できない。理解が不十分なため、顧客に伝わらない

●営業の問題は非常に多く、内容も様々
●これらの問題点の解決なしに、売上アップは実現できない

2-4 製造には、体系化された「しくみ」がある

●製造業には決められた「工程」と「手順」「ツール」がある

　「営業」という職種は様々な問題があると説明しましたが、それ以外の職種はどうなのかを見るために、「製造」について考えていきます。

　製造で、工場現場で実際にモノづくりを行っている作業員の多くはパートやアルバイトです。

　パートやアルバイトは、特に高いスキルを持っているわけではありませんし、何を作っているのか知らずに作っている人さえいます。モノづくりに精通していない人が、迅速かつ高品質に完成品を作り上げているのです。

　なぜそのようなことができるかというと、モノを製造するまでに決まった工程があり、各工程では作業内容が手順化され、各作業を効率的に行うためのツールが決まっているからです。

　工程とは、「仕入→加工→組立→検査→出荷」といった、モノを仕入れてから完成するまでの大きな流れです。手順は、各工程で行う具体的な作業内容で、例えば加工の場合、材料を型どおりにカットして角を削り、部品を作り上げる等です。ツールは、各手順を効率的に実施するための機械装置や道具に当たります。

　つまり製造には、工程や手順、ツールが決められていて、誰でもスピーディかつ高品質にモノを作り上げるための体系化された「しくみ」が確立しているのです。

　一方で、モノづくりには、しくみが確立している「工業品」以外に、芸術品などの「工芸品」があります。

　工芸品の場合、匠の技を持った職人が、1品1品手づくりで作り上げます。そのため、工芸品は個々の職人の持つスキルに大きく依存していると言えます。つまり、実際にモノを作っている人のスキルを職人レベルに高

めなければモノは完成しないため、しくみは確立していません。

◪製造（モノづくり）の「しくみ化」◪

- 製造現場で実際にモノづくりを行っている作業員は、高いスキルを持たないパート・アルバイトが多い
- モノづくりのプロではなく、素人が作っているにもかかわらず、納期どおりに、高品質な製品が完成する
- 製造には完成までの流れの「工程」と、各工程で実施する作業の「手順」、そして作業を迅速かつ効率的に行い、高品質なモノを作り上げるための「ツール」が決まっている
- これら「工程」「手順」「ツール」により「しくみ」が確立しているから、モノづくりの素人でも、納期どおりに、高品質な製品を作ることができる

一方で

- 製造するものが、大量生産される「工業品」ではなく、1つひとつ人の手で作り上げる「工芸品」の場合、素人がモノを作ることは難しい
- 「工芸品」の場合、作るのは「職人」であり、個々の作り手のスキルを「職人レベル」にまでアップさせる必要がある

つまり

工業品では
- 効率的、効果的に実施できる（＝最小の経営資源で、最高の品質で、最大の生産量を産む）ための、工程と手順、ツールが決まっており、「しくみ」が確立している
- 「しくみ」があるから、素人が作っても、迅速かつ高品質な製品が完成する

工芸品では
- 職人によってモノが作り上げられるため、モノのスピードや品質は、職人のスキルやノウハウに依存し、属人的で「しくみ」がない
- 「しくみ」がないから、パートやアルバイトは作ることができない

2-5

営業には、体系化された「しくみ」がない

●営業は決まった手順がなく、専門家の指導方法もバラバラ

　営業という職種は、製造と異なり、手本となる手法が確立していません。属人的で、手法が皆バラバラです。

　前述のとおり、営業には個人営業と法人営業、既存客向けや新規開拓など、商品や状況によって様々なものが存在します。

　さらに、それぞれに明確な手法が存在するのであればわかりますが、そういうわけではありません。

　営業は当初、先輩や上司にOJTで指導を受けて成長しますが、ついた先輩や上司もみな手法が違っているため、指導を受けた上司や先輩によっても教える内容が異なります。営業の専門家である営業コンサルタントでも、それぞれ主張が異なっていて、指導する内容が皆バラバラです。

　つまり、「これをやれば確実に売上が上がる」という絶対的な手本が存在していません。だから、誰も的確な指導ができないのです。

　営業の仕事は「顧客を獲得、維持し、売上を上げること」であり、経営で最も重要な仕事です。それにもかかわらず、その最重要業務が、経営者ではなく、組織でもなく、営業担当者に任されているのが現状なのです。

●営業マン個人の育成だけでは製造業の「職人」育成と同じで困難

　営業が属人的であるということは、営業の様々な問題を、営業マン個人に解決させようとしているということです。

　あれだけの問題を1人で解決するには、営業マン全員が、製造でいう「匠」まで極めたような、右図で示した「理想の営業マン像（スーパー営業マン）」に到達しなければなりませんが、実現は困難と言わざるを得ません。

◈営業という職種の現在の状況◈

- 営業は製造業と異なり、属人的で、しくみが確立していない
- 営業のやり方は、同じ種類の営業であっても、同じ会社・同じ部門であっても、手法は1人ひとり皆異なっている
- 営業マンだけでなく、営業の専門家である営業コンサルタントでも、主張や指導内容は皆異なっている
- 営業には、確実に売上が上がるという手本が存在しない
- そのため、成果を出すのが難しい

 さらに

- 営業という仕事は「売上を上げること」で、経営で最も重要な仕事。それにもかかわらず、営業担当者個人に任されている
- 営業の質向上を個々の営業マンのスキルアップのみに依存することは、営業に関する様々な問題を営業マン個人ですべて解決させること
- これは、個々の営業マンすべてがスーパー営業マンにまで育たなければ困難であり、これが現在の営業教育の状況

◈理想の営業マン像（スーパー営業マン）◈

- 高度な知識があり、技術的な内容や市場動向などについて説明できる
- ヒアリング力と情報収集力があり、相手の情報を短時間で把握し、会社の課題を発見して、課題を解決する提案ができる問題解決力がある
- 独自で新規顧客を切り開く行動力があり、状況に合わせた様々な営業ツールを独自で作成できる構想力と設計力、作成能力を有する
- 相手の懐に入って心をつかむコミュニケーション能力がある
- 好感度を維持しながら自身の提案どおりに相手を説得できる伝達力があり、値引きされない交渉力があり、クロージングできる説得力を持つ

実現は極めて困難！

2-6 従来型営業支援(コンサルティング、研修)のメリット・デメリット

　営業コンサルティングや営業研修による、従来まで実施されている営業支援の手法は様々ですが、大きくは、①営業マン個人をレベルアップする方法、②顧客管理による顧客状況の見える化の２つがあります。

●支援①:営業マン個人のスキルアップ

　営業マン教育の王道が、個人のスキルアップを目指すものです。
　営業マンのスキルアップといっても、その種類は様々です。
　具体的には、課題発見力、ヒアリング力、交渉力、対人コミュニケーション力、ロジカルシンキング、情報収集力、コンサルティング力などです。
　営業マン個人に、経営の最重要課題である「売上アップ」が託されているわけなので、営業マンは様々な能力が必要となる、ということです。
　しかし、これら様々な項目の教育やコンサルティングに、時間と負荷、コストがかかってしまい、小さな会社には困難です。
　しかもこれらを受講しても、実際にこれらを習得し、現場に活かしている担当者はほとんどいないのが実態です。
　確かに、これら様々な内容を習得できれば、営業マンとして「匠の技」に近づくことは可能ですが、個々のレベルアップには限界があり、実際に習得することは困難なのです。

●支援②:顧客管理による顧客状況の見える化

　一方で、顧客管理を充実させる方法で営業力を向上させる指導方法も多くあります。
　例えば、顧客の状況を細分化して管理する方法などです。個々の営業マンに依存する手法は、管理も個人に任されるため、情報の整理、共有化が

不十分になります。そのため、組織全体で情報を管理し、それらの情報を組織全体で活用することが重要になります。

しかし、営業の「中身」に焦点が当てられていないため、「管理」が目的化してしまう課題が残ります。つまり、顧客からどのような情報を収集し、それを踏まえて今後どのように攻めるかという、本来あるべき営業活動の中身の吟味が不十分になるのです。

◧営業支援（営業コンサルティング）の手法◨

①営業マン個人のスキルアップ
②顧客管理による顧客状況の見える化

◧営業支援のメリット・デメリット◨

	①個人のスキルアップ	②顧客管理
メリット	個々の営業マンのスキル向上	・顧客の管理、上司への報告が容易になる ・顧客の状況が見える化する
デメリット	・教育に時間と負荷、コストがかかる ・成果が個人で偏り、習得しても成長レベルは低い（匠の技の習得は困難） ・スキル（ノウハウ）が会社ではなく営業マン個人に蓄積され、顧客が「会社」ではなく営業マン「個人」に付き、営業マンの独立による顧客流出のリスクがある ・研修で実施した内容を現場で再現するのは困難	・顧客管理の項目が煩雑化し、「項目を埋める」という作業となって、管理自体が目的化する傾向がある ・訪問回数、商談時間等、定量情報の管理が多く、実際の売上高・利益向上には寄与しない ・顧客管理の他、営業マン個人の行動管理も、訪問回数や外勤率等が中心になる傾向がある ・定性情報の管理が欠如し、営業活動の中身や、営業プロセスの吟味が不十分になる

第3章

販売促進・マーケティング・ブランディングの課題

3-1
売上アップの手法は営業の他に３つある！

●売上アップの４手法「営業・販促・マーケティング・ブランディング」

　売上アップの手法は営業だけではありません。それ以外にも、販売促進（販促）、マーケティング、ブランディングがあります。

　販促とは、セールス・プロモーションとも言い、営業ツールや販促チラシを作成して顧客に配付したり、不特定多数に発信したりすることです。

　マーケティングとは、市場調査や競合分析等を行って、自社商品の強みや、ターゲット顧客の選定などを行い、それらに沿って施策を構築することです。

　ブランディングは、自社の価値を高めて、自社の価値を市場に浸透させていくことです。

　営業・販促・マーケティング・ブランディングは、言葉はよく耳にしますが、その定義は曖昧に把握されています。定義に書かれている内容は広範囲で詳細に書かれているため煩雑になり、イメージするのが難しいためです。

　政治や法律の世界では、定義となる憲法や法律を忠実に守り、実行していくことが重視されます。

　しかし経営やマーケティングの世界は、定義に固執し、定義どおりに実施することは望ましいとは言えません。なぜなら、各々の会社によって、経営状況、強みや課題、商品、顧客や競合状況などがまったく異なっているため、すべて一律に同じことをしてもうまくいくわけがないのです。定義やルールではなく、あくまで「現場」に合わせて対応することが重要なのです。

　学校や研修などで教えられる内容は、学術的な話が中心になるため、定義やルールどおりに教わります。しかし、現場で成果を出すには机上論で

は成功しません。常に現場に合わせ、現場に適合するようにカスタマイズすることが重要になります。

本書はアカデミックな内容ではなく、現場で活用できることをベースにしているため、売上・販促・マーケティング・ブランディングについて、現場で活用しやすい言葉に変更して再定義します。

◘売上アップの4手法の定義◘

手法	一般定義	再定義
営業	営利を目的として事業を営むこと。その営み。商業上の事業	顧客との直接面会
販売促進（販促）	セールス・プロモーション（SP）。一般的な狭義では、広告活動と人的販売を補足し、協力して、それらをより効果的にするためにとられる販売上の諸施策をいう	ツール、コンテンツの配信（ネット、紙媒体）
マーケティング	商品が大量かつ効率的に売れるように、市場調査・製造・輸送・保管・販売・宣伝などの全過程にわたって行う企業活動の総称。市場活動。販売戦略	誰に（ターゲット顧客）、何を（強み・価値）、どのように（方針）の明確化
ブランディング	ブランドに対する共感や信頼などを通じて顧客にとっての価値を高めていく、企業と組織のマーケティング戦略の1つ	価値の浸透活動

3-2 「売上アップの4手法」の目的と具体策

●営業・販促・マーケティング・ブランディングとは何か

営業とは、顧客と直接、個別に面談することで、一言で言うと「売るための個別活動」です。

具体的には、顧客を訪問して打ち合わせる面談や電話、メールでのやりとりです。その目的は、個々の顧客への情報伝達や情報収集、提案などを行うことです。

その他、顧客とのやりとりの中で信頼関係を構築することも大切です。

続いて販促とは、チラシやツールの作成、それらの個別配信、またはネットや紙媒体を使った不特定多数への発信で、「売るしくみづくり」です。

具体的には、チラシ、広告、看板、ホームページ、CM、セミナー、展示会、ネット広告、DM、ニュースレター・セールスレターなどです。その目的は、短期的な売上効果や定期アプローチ、不特定多数への案内です。

マーケティングとは、「誰に・何を・どのように販売するか」を明確にして活動することです。

つまり、ターゲット顧客を明確にし、自社の強み・価値を明確にしたうえで、戦略・戦術を構築することで、一言で言うと「売れるためのしくみづくり」です。

具体的には、市場調査や、3C分析、4P/4C分析などのフレームワークを使った分析により、強みやターゲット顧客を明らかにし、そのうえでツールを作成したり、それらを活用した営業・販促を行ったりします。その目的は、ターゲット顧客と強みの明確化と、リピーターの獲得になります。

ブランディングとは、価値の向上と浸透活動であり、「売れ続けるしくみづくり」です。具体的には、ブランド・アイデンティティの構築や、価値の向上・価値浸透の活動などになります。その目的は、価値向上や価値

浸透、ファンへの育成、長期的ロイヤリティです。

◘売上アップの4手法の目的、具体例◘

手法	再定義	具体例	目的
営業	顧客との直接面会 ⇒売るための個別活動	訪問、個別面談、電話・メール対応	情報伝達、情報収集、提案
販売促進	ツール、コンテンツの配信（ネット、紙媒体） ⇒売るしくみづくり	チラシ、広告、看板、ホームページ、CM、セミナー、展示会、ネット広告、ニュースレター、DM	・短期的な売上獲得 ・既存客・不特定多数への定期アプローチ、案内
マーケティング	「ターゲット（誰に）」 「強み・価値（何を）」 「方針（どのように）」 の明確化 ⇒売れるしくみづくり	・市場調査、分析（PEST、3C、STP、4P/4C等） ・ターゲット・強みを活かしたツールの作成、活用	・ターゲット顧客と強みの明確化 ・効率的な新規獲得 ・リピーター獲得
ブランディング	価値の浸透活動 ⇒売れ続けるしくみづくり	・ブランド・アイデンティティ構築 ・価値向上や、価値浸透の活動 ・価値浸透のためのツール作成	・価値向上・浸透 ・ファンの育成 ・長期的ロイヤリティ

3-3
小さな会社の販促・マーケティング・ブランディングの問題点

● **よくわからないまま漠然と実施している会社が多い**

　小さな会社は、大会社と比べ、ヒト・モノ・カネといった経営資源が圧倒的に少ないのが現状です。そのため、様々な売上アップの手法を試みたくても、それらを実施する十分なお金もなければ、実施できるスキルを持った人材もいません。

　そのような中で、可能なレベルで実施しているため、施策が部分的で偏ってしまい、実際に良い効果が出ていないケースが多く起きています。

　まず販促の主な問題点は、有効な販促ツールがないことです。具体的には、B to Bの会社は「会社案内」や「商品カタログ」のみ、B to Cの会社は「安売りチラシ」のみ、ということが多いのが現状です。

　マーケティングの問題点は、まずはマーケティングで何をすればいいのかがわからない、という声が多くあります。漠然と「市場調査と分析」というイメージはありますが、何をして、会社がどう良くなるのかのイメージが描けないのです。

　マーケティングは、自社商品と顧客、競合他社を分析し、「誰に」「何を」「どのように」を明確にして、そのとおり行動することです。しかし、自社の強みが何なのか、顧客は何を要求しているのかを把握できていないのが現状です。

　最後にブランディングですが、ブランディングの大きな問題は、ほとんどの会社で「ブランディングとは何か」を理解していないことです。「デザインを洗練させることがブランディング」というイメージのまま、ブランディングを実施しているのです。

　そのため、商品やパンフレット、ロゴなどのデザインを修正する、という方法だけでブランディングをしていると思い込んでいるケースが多いの

ですが、これだけでは小さな会社がブランドを確立するのは困難なのです。

◪販促・マーケティング・ブランディングの問題点◪

販売促進	・チラシなどの販促ツールがない、作り方がわからない ・B to Bは「会社案内」と「商品カタログ」、B to Cは「安売りチラシ」しかない ・チラシがスペックの説明中心で、差別化・強み（価値）がわからない ・チラシのコンテンツが吟味されておらず、品質が低い ・営業で使うチラシを、営業以外の部門が作成しているため、営業の現場で有効に活用できる内容になっていない ・販促の手法やツールが色々あって、どんな時に、どんな販促、あるいは販促ツールが有効なのかがわからない
マーケティング	・マーケティングとは何か、何をすればいいのかわからない ・ターゲット顧客がわからない ・自社の強みが何かわからない ・どうやって「売れるしくみ」が作れるのかがわからない ・マーケティングの調査・分析の方法がわからない ・調査・分析の結果を、どう現場に活かせばいいのかがわからない
ブランディング	・ブランディングとは何かがわからない ・会社の価値が何かがわからない ・小さな会社がどうやってブランドを確立できるのかわからない ・どうすれば「売れ続けるしくみ」が作れるのかわからない ・製品やロゴ、パンフレット等のデザインを新しくしても売上につながらない

3-4 小さな会社のコンサルティングの問題点（営業・販促・マーケティング）

●コンサルタント側が問題を抱えていることも

　現在行われている売上アップの手法は、小さな会社が取り組むのに様々な課題があります。これは、コンサルタント側も、経営資源が圧倒的に乏しい小さな会社向けに、その企業に合わせた支援ができていないことが大きな理由の１つと言えます。

　小さな会社向けのコンサルティングの問題として、営業コンサルティングについては前述のとおり、コンサルタントの中でも手法はバラバラであり、個人のスキルアップが中心のため時間や労力がかかってしまうことです。

　また、成果も個人で偏り、現場での再現も難しいのが現状です。さらに管理についても、肝心の営業活動の中身の定性情報の管理が不十分なため、個々の顧客への戦術を構築することが難しくなります。

　続いて販促コンサルティングですが、販促は、ニュースレター、チラシ、SNSなど、様々な方法があり、特定の手法に特化した専門コンサルティングが主流です。そのため、支援内容は個々のコンサルタントの専門分野に限定されてしまい、売上アップの総合的な支援が難しい状況です。

　次にマーケティングコンサルティングですが、マーケティングは、会社や商品の全体を視野に入れた総合的な取組みです。そのため、販促の問題である部分的支援の課題を補うものと言えます。

　しかしその一方で、支援の内容が調査や分析が中心となり、それらをどのように現場に活かし、売上アップにつなげていくのか、その具体策が不明確な場合があります。そのため、マーケティングコンサルティングは、主に大企業の、経営企画部や上層部向けが多く、現場支援を求める小さな会社向けは少ないのが現状です。

さらに、小さな会社にとって最も重要な「強みは何か」を発見し、「価値」を見出す支援は実施されないため、根本的な対策が実行できません。

◪営業・販促・マーケティングコンサルティングの問題点◪

営業	・営業コンサルタントの中でも、その手法が異なっている ・個人のスキルアップに偏り、時間・労力・コストがかかる ・営業の研修を受講しても、現場で再現できない ・「営業管理」で「中身」の管理ができていない
販売促進	・販促コンサルタントは、自身の得意な手法（ニュースレター、チラシ、アンケート等）に注力する専門コンサルタントが多いため、売上アップするにはどうするか、という総合的な対応ができない ・コンサルティングが専門化されているため、売上アップをトータルで支援できる、各顧客の個別の状況に応じた柔軟な対応ができない ・チラシが安売りに偏り、マーケティング・ブランディングの要素が含まれていない
マーケティング	・フレームワークによる「分析」が中心で、現場の実務への展開（どのように売上アップにつなげるか）が不明確 ・自身で分析したくても、分析の方法や、フレームワークの活用方法がわからない ・市場調査など、大企業向け・上層部向けの大規模な調査・分析が中心で、小さな会社向けや、現場向けの取組みが少ない ・小さな会社の強みを会社の中から発見し、その会社の価値を見出せるコンサルタントがいない。強みの発見は会社側で実施するよう求められ、結局実現できていないケースが多い

3-5 小さな会社のコンサルティングの問題点（ブランド）

●ブランドの定義が曖昧で、コンサルタントもデザインに偏重

　ブランドコンサルタントはデザイナーが中心であり、デザインを刷新することが中心で、それらが実際にどのように自社のブランド向上や売上アップにつながるのかが曖昧なケースが多いのが現状です。

　そのためブランドコンサルティングで効果が期待できるのは大企業や強みが明確な小さな会社で、デザインで価値が向上する商品に限定されます。例えば、味に定評があるのに思うように売れない菓子を、インスタ栄えするパッケージに刷新したら爆発的に売上が向上したケースなどです。

　しかし、小さな会社の実情は自社の強みがわからないという会社がほとんどであり、そのような会社には効果が期待できません。事業の中から強みを発見・抽出し、会社の価値を見出せる専門家も少ないのが現状です。

　また、そもそもブランドやブランディングという言葉が依然として曖昧なため、小さな会社にとってわかりにくいものになっています。

　例えば、ブランドの定義は一般的に、「他社と自社との商品・サービスを識別させるもの」という定義がありますが、これだけでは具体的に何をすればブランドが構築できるのか、イメージがわきません。

　その他、ブランドとは「独自の世界観」「独自のデザイン」「約束」「人格づくり」など、様々な表現方法があります。そしてブランドやブランディングの本質を知っていれば、これらはいずれも正しいと言えます。

　しかし、ブランドについて知識がなければ、ブランドの説明としてこれらを言われても、何をすればいいのかが想像できません。

　もし経営者が現場スタッフに「この商品のブランドを向上させよ」と指示を出しても、現場スタッフは何をすればいいのかがわかりません。そのため、結局はわかりやすい、商品やパッケージのデザインを修正する方向

にいくしかないのです。

◪ブランドコンサルティングの問題点◪

ブランド	・ブランドコンサルタントはデザイナーが中心で、ロゴや商品、ツールのデザインを刷新することがブランディングと認識されており、それらが実際にどのように売上アップ、あるいはブランド向上になっているのかが不透明 ・小さな会社は、自社の強みがわからない会社がほとんどであるが、会社の強みを事業の中から発見し、抽出して、その会社の価値を見出せる専門家が少ない ・ブランドコンサルティングで成果が出るのは、主に大企業向けが多く、小さい会社でもすでに強みが明確で、デザインで価値が向上する商品に限定される場合が多い ・「ブランドとは？」「ブランディングとは？」の定義が依然として曖昧 ・売上アップ、ブランド向上の「実務への展開」が不十分

3-6
売上アップ4手法の市場が分離している弊害

●売上アップの4手法は各々市場が分離している

売上アップの4手法は個別に様々な問題があり、小さな会社がこれらを実施するのは難しい状況です。こうした状況を生み出しているのは、4手法それぞれの問題だけではありません。売上アップが難しい最大の要因は、これら4手法の市場が完全に分離していることです。

営業・販促・マーケティング・ブランディングは、すべて売上アップの手法であり、分ける必要がありません。本来であれば分離して取り組むのではなく、融合して取り組むものなのです。

例えば、顧客に商品説明を行う場合、口頭での説明の他、状況に合わせて整理されたチラシがあれば、営業は説明しやすいですし、顧客は忘れることが減り、かつ窓口担当者以外にも情報が伝わります。

また、顧客がチラシを読んでいる間も営業をしている効果があります。つまり、個別に顧客と面談する「営業」と、説明資料のチラシである「販促」は、当然一緒に実施するものなのです。

このように、実際の現場では、これら売上アップの手法は融合して実施されているのです。

●市場分離の原因は「職種」として独立しているから

しかし、コンサルティングや研修などの市場では、これらはバラバラに成り立っています。これは売上アップの4手法が「職種」として確立し、すべてを支援できるコンサルがいないからです。

各々のコンサルタントは専門化されており、別の手法の知識が希薄なため、横断的な対応ができません。そのため売上アップの支援が部分的になり、総合的な取組みが必要な小さな会社は、いつまでも売上アップが実現

しないのです。

◧売上アップの4手法の最大の問題◨

| 売上アップの4手法の市場が完全に分離している |

 なぜなら

- 売上アップの4手法である「営業・販促・マーケティング・ブランディング」がそれぞれ職種として確立して分離しているため、すべてを支援できる専門家がいない
- 各々の専門家は、別の売上アップの手法の知識が希薄なため、横断的な対応ができない
- そのため、新規開拓から顧客化、リピーターやファンの獲得まで、トータルで売上アップを設計できない
- 本来、これら4手法はいずれも売上アップの手法であるため、トータルで実施すべきものである

 その結果

経営資源が乏しく、自社独自で実施できるものが限られる小さな会社は、いつまでも売上アップが実現しない

◧コンサルティングの問題点の事例◨

- 営業コンサルタントは、チラシ作成など販促のスキルはない
- 販促コンサルタントは、営業に関するスキルがない
- マーケティングコンサルタントは、調査・分析が主体で、現場の具体的な手法(営業・販促)のノウハウを持っていない
- ブランドコンサルタントの多くはデザイナーであり、現場で何をすればブランド力が向上するのかのノウハウは持っていない

第4章

小さな会社でも、
再生企業でも、
ブランドは確立できる

4-1
小さな会社の生きる道は「ブランド」

●**市場環境の激変で、従来どおりの手法では生き残れない**

　競争が激化する中、大企業は規模の経済を活かした大量仕入、最新設備やAIなどの最新テクノロジーで、新製品を低コストで世に出しています。

　モノや情報が溢れ、便利なモノやおいしいモノが、安価で簡単に手に入るようになり、消費者の見る目は向上し、ニーズは多様化しています。また、スマホで全世界の人とつながるようになり、ますますマンツーマンマーケティングの重要性が高まっています。

　そのような中、小さな会社では、従来どおりの手法、具体的には従来どおりの足を使った闇雲な営業活動や安売りチラシの配布による値引き販売、低価格による顧客の獲得を繰り返しているケースが多いのが現状です。

　小さな会社は、大手企業のように大量に販売していないため、利益の「額」では稼げません。少ない量しか売れない小さな企業は、1個1個の利益の「率」で稼がないと、固定費を賄えず、収益は向上しないのです。

　つまり、単価を上げて「高利益率」で勝負するしかありません。このメカニズムを理解せずに、低価格や値引き販売を続けてしまい、業績悪化の一途をたどっている会社は少なくありません。

　小さい会社が生き残るためには、徹底した差別化により自社ブランドを確立することです。競争が激化すると、低価格で参入してくる大手企業と価格競争しても勝ち目はありません。価格ではなく、自社の価値で、お客様に選んでもらわなければなりません。

　そのためには、①顧客に受け入れられる、②他社とは違うものを見つけ、それを発信して選んでもらうしかないのです。この2つを満たすものが「価値」であり、この価値こそが「ブランド」です。

　小さな会社の生きる道は、自社のブランドを確立し、お客様に選んでも

らって、しっかりと利益を出す体質にすることなのです。

◪小さい会社にとって厳しい外部環境◪

- ネット社会（情報収集・売買）
- 異業種参入
- グローバルで競争激化
- 顧客のニーズ多様化
- AIによるさらなる市場環境の変化

 その中で

◪従来どおりの手法では生き残れない◪

- 闇雲な営業活動
- 安売りチラシによる顧客獲得
- 営業・販促活動をしない、既存顧客だけに依存した経営体質

 そのため

◪これからの小さな会社の生きる道◪

徹底した差別化により、自社ブランドを確立する
⇒ブランドにより、お客様に自社（商品）を選んでもらう
⇒しっかりと利益を出す体質にする

4-2
小さな会社のブランディングが難しい背景を押さえる

●ブランド力のない小さな会社のブランドの取組姿勢

　ブランドに焦点を当てて大企業と小さな会社の違いを見ていくと、まず大企業は圧倒的な強みのある商品を持っています。消費者はテレビCMなど様々なメディアで大企業の名称や商品を目にしたり、耳にしたりしています。

　そのため、知名度があり、多くの消費者が、その企業や商品の名前と、ぼんやりではあってもその商品の優れている「価値」を知っています。つまり、価値が浸透しているわけです。

　したがって、多くの消費者が、ニーズ・ウォンツが発生した時、その企業、商品を思い起こし、購入するのです。

　一方で、ブランド力のない小さな会社の多くは、圧倒的な強みのある商品は少なく、知名度もありません。認知度が低いため、顧客が「買いたい」と思った時に思い出してもらえません。

　また、会社の社長でさえ、自社の強みを把握できていないため、当然自社の強みは顧客に伝わっていません。

　そのため、取引があっても、過去からのお付き合いによる信頼関係でつながっているだけで、その会社の価値を理解していません。つまり、「なぜその企業からモノを買わなければならないのか」の理由が乏しいため、競合他社に流出するケースが増えるのです。

　したがって、小さな会社がブランドを確立する際の取組みについて、大企業と同じように考えてはいけません。経営資源が豊富にあり、テレビCMを流しているような大企業レベルのブランド力を目指すのは妥当ではないのです。

　あくまで、自社の価値を価値として認識できるターゲットに絞り、その

ターゲット向けにブランドを確立することを目指すべきです。

◧大企業と小さな会社のブランド力の違い◨

■ブランド力のある大企業

- 圧倒的な強みのある商品がある
- テレビCM等、様々なメディアで、常にその企業、商品を目にしたり、耳にしたりしている
- 知名度があり、多くの客がその企業と商品の名前を知っている
- 多くの客が、その商品の優れていること（価値）を知っている
- 価値が浸透しているため、多くの客が、そのニーズ・ウォンツが発生した時、その企業、商品を思い起こす

一方で

■ブランド力のない小さな会社

- 多くの小さな会社は、圧倒的な強みのある商品はなく、知名度もない
- 認知されていないため、顧客が「買いたい」と思った時に、思い出されない
- 顧客は、その会社の強みを把握しておらず、その会社から買う理由が乏しいため、競合他社に流れるケースが多くなる

したがって

■ブランド構築の取組みについて

- 小さな会社のブランドの確立を、大企業と同じように考えてはいけない
- 大企業と同じレベルには到達するのは難しく、大企業レベルのブランド力を目指すのは妥当ではない
- 小さな会社に見合ったブランドの確立方法、つまり、自社の価値を価値としてとらえられる、絞り込んだターゲット向けに実施することが重要

4-3 「ブランド力」の差とは具体的に何なのか？

●小さな会社のブランド力確立はステップを１つひとつ実行すること

　小さな会社と大企業のブランド力の差は、具体的には、次章で説明する「ブランド再認」と「ブランド再生」の差です。

　小さな会社は顧客・消費者に知られていません。知られていないから「ほしい」と思った時に思い出してもらえず、購入対象にならないのです。

　そのため、会社や商品の名前とその価値を知ってもらうことが重要ですが、そのためには繰り返しメッセージを送らなければ、顧客に覚えてもらえません。しかし、小さな会社はお金がないため、テレビCMなど大々的に広告を打ち続ける余裕はないので、一気に知名度を上げるのは困難です。

　そのため小さな会社が、少ない人材で、低コストで、スピーディにブランド力を上げるには、そのためのステップを、１つひとつ丁寧に実施することです。具体的には、まずは、強み・価値を明確にする必要があります。「何を伝えるか」がわかっていないと始まりません。

　次に、顧客に価値を伝えて浸透させていく必要がありますが、そのためには、会社全体でその価値を把握しておかなければならないため、社内に価値を浸透させる必要があります。

　その後に、営業や販促活動の中で、顧客に対して価値を伝え続け、浸透させていくのです。

　ここまでしてようやく、小規模ではありますが、ブランド力のある大企業と同じポジションに到達するのです。

　右の図にブランド力を確立するためのステップを記しました。これらの各ステップを確実に実施していかなければ、小さな会社がブランド力を高めていくことはできません。逆の言い方をすると、売上アップの手順の中に、このステップを組み込めばいいのです。

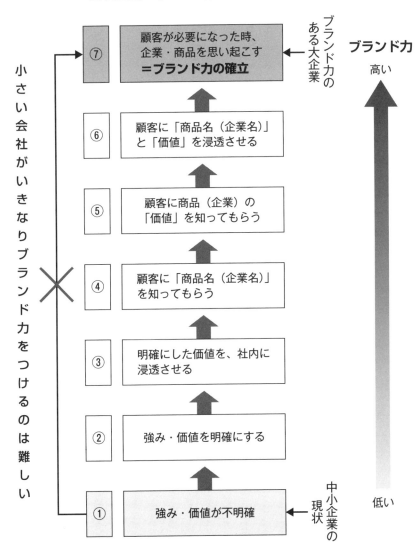

4-4
小さな会社でも、再生企業でも、ブランドは確立できる

● 世の中の小さな会社がブランドを確立できない理由

　小さな会社が生き残るにはブランドを確立するしかありません。そのためには、他社とは違う、差別化された要素、つまり「強み」がなければなりません。

　しかし世の中の小さな会社は、自社の強みを理解していないところが多く、また、どのようにしてブランドが確立できるかを理解していません。そのため、自社ブランドの確立を諦める会社が多いのが現状です。

　その理由を探るにあたり、実務レベルで課題を掘り下げていくと、いくつかの課題が見えてきます。

　まずは自社の強みがわからないのは、そもそも自社の強みや価値を発見する方法がわからないからです。自社のことをよく知る社長や社員たちでもノウハウがなく、手法がわからなければ、的確な強みを抽出することは難しいのです。

　また、売上アップの手法に関するノウハウもないため、自社や商品の名前と価値を顧客に伝え、それらを浸透させて、顧客を獲得し、リピーターにするための、売上アップのプロセス全体を構築することができません。そのため、すべての施策が、知っている範囲での部分的なものであり、成果は限定的となっています。

　さらに、顧客に価値を伝えるなどの販促ツールも、ノウハウがなければ、効果的な成果物を作ることは困難です。

　これらの課題が解決すれば、小さな会社でもブランドを確立できるのです。具体的には、売上アップの4手法を融合し、強みを発見する手法を理解し、売上アップのプロセスを手順化して、ツールを現場で有効に活用できるよう磨き上げればいいのです。

実際に私は、強みがわかっていない様々な小さな会社を、本書で紹介するしくみを使って、コストをかけずにブランドを確立させることで再生に導いています。小さな会社の再生企業は特にヒトやカネが欠如しているため、しくみを構築して、今の人材だけで、低コストで短期間でブランドを確立する方法は、極めて有効な手法なのです。

◘世の中の小さい会社全体の課題◘

- 小さな会社が生き残るには、「ブランド」を確立することが重要
- しかし、自社の強みもわからない小さな会社が、どのようにしてブランドが確立できるのかがわからない
- そのため、多くの小さな会社は、自社のブランドを確立することを諦めてしまっている

 その理由は

- 自社の強み・価値を発見する方法がわからない
- 自社や商品の名前と価値を顧客に伝え、浸透させて、顧客を獲得し、リピーターにするための、売上アップのプロセス全体を、手順化することができない
- 売上アップのプロセスに沿ったツールが作成できない

 結論として

これらの課題が解決したら、小さな会社はブランドを確立できる！

4-5 売上アップの４手法を融合すると売上アップがルーチン化できる

● 「売上アップのルーチン化」実現のための３ステップ

　しくみを構築して自社ブランドを確立するためには、売上アップの４手法である営業・販促・マーケティング・ブランディングを融合することが必要になります。具体的なイメージを以下に示します。

　まずは差別化され、顧客ニーズに適合した自社の強みである「価値」を明確にします。

　続いて、日々の売上アップの活動である、営業活動（個別の顧客対応）と販促活動（ツール・ネット活用）について、誰でも日々繰り返し実施できるようにプロセスを手順化します。

　そして、この「手順」と「ツール」の中に、マーケティングとブランディングの要素を入れるのです。

　つまり、「誰に・何を・どのように」を明確にして営業・販促活動を行い、ツールの中に価値を浸透させる要素を入れ込むことで、日々の営業・販促活動がブランディングになるようにします。

　このように、日々の営業・販促活動の手順と、活用するツールの中に、マーケティングとブランディングの要素を入れ込むことで、日々の手順化された活動を行うだけで、価値の浸透活動であるブランディングが実施できるので、売上アップが「ルーチン化」されるのです。

　このようなしくみを構築すれば、経営資源の不足する小さな会社でも、容易に売上アップを実現することができるのです。

　売上アップの４手法を融合し、売上アップをルーチン化する取組みは、大きく３つのステップになります。

　最初は「価値の明確化」です。小さな会社の多くはこの価値が不明確なのです。

次は「売上アップのプロセスの手順化」です。この手順化は、製造業と同様に、全体を工程に分け、各工程で詳細な手順を明確にします。

最後は「手順に沿った有効なツールの作成」です。営業の代わりに、チラシにトークしてもらうため、チラシの品質向上は極めて重要になります。

◘小さい会社の売上アップに必要なこと◘

売上アップの4手法「営業・販促・マーケティング・ブランディング」の融合

▼ 具体的なイメージ

- 差別化され、顧客ニーズに適合する、自社の「価値」を明確にする
- 日々の売上アップの活動は、営業（個別の顧客対応）、販促（ツール・ネット活用）で行う
- 日常の営業・販促活動の活動全体の手順を設計する
- この「手順」と「ツール」の中に、マーケティングとブランディングの要素を入れる

▼ その結果

- 日々の活動が手順化され、その手順どおり営業・販促活動を行うだけで、マーケティングとブランディングが実施でき、売上がアップする
- 要するに、売上アップの活動がルーチン化される

▼ 整理すると

◘売上アップの4手法の融合による、売上アップのルーチン化◘

①価値の明確化
②売上アップのプロセスの手順設計
③手順に沿った有効なツール作成

4-6 売上アップの手順設計による ルーチン化の概要

● 小さな会社の売上アップの全体像

　売上アップの手順を詳細に設計するにあたり、まずは全体の概要について説明します。

　小さな会社は、他社とまったく同じものを、同じように販売しても生きていけません。低価格競争に巻き込まれて利益が出ないからです。

　そのため、まずは、他社との差別化を明確にして、顧客に受け入れられる自社独自の強みを見出す必要があります。これが「価値」です。

　次に、この価値を顧客に認識してもらわなければなりません。そのために、ターゲットを絞って、自社の価値を伝えます。この「価値の伝達」を繰り返し行うことで、価値が浸透していきます。これが「ブランディング」です。

　ブランディングによって価値を認めてくれた顧客は、他社より高い価格で購入してくれます。つまり、高利益率で販売できるのです。

　さらに、価値を認めてくれた顧客は、繰り返し購入してくれます。その結果、顧客は増え、顧客のリピート回数も増え、売上が安定するのです。

● 売上アップの手順化の概要

　小さな会社にとって、価値を伝え、浸透させていくのは難しいのが現状です。ここで大企業は、マスメディアを活用して、不特定多数の消費者に、一気に伝達します。

　しかしこの方法は、費用が高いため、小さな会社は実施できません。しかし、1人の顧客に対して繰り返し価値を伝え続ける方法であれば、小さな会社でも実施可能です。

　つまり、日々の営業・販促活動を実施することで、1人ひとりの顧客に

価値を理解してもらうよう「育成」して、商品を買ってもらえばいいのです。そしてこのやり方を「手順」として設計すればいいのです。

さらに、この手順をルーチン化すれば、誰でも短期間で、手間・労力・時間・コスト・人手をかけず、効率的・効果的に運用できるようになります。

つまり、売上アップがルーチン化され、誰でもルーチン作業をこなすだけで、売上アップが実現するようになるのです。

◪**売上アップの手順設計によるルーチン化の概要**◪

- 一気に、多くの顧客に価値を伝え、浸透させるには、マスメディアを使うのが効果的ではあるが、小さな会社にはできない

 しかし

- 1人の顧客に対して、繰り返し価値を伝え続ける方法なら可能

 つまり

- 日々の営業・販促活動で、1人ひとりの顧客に、価値を理解してもらうよう「育成」して、商品を買ってもらえばいい
- 価値を認めてくれるので、高価格（高利益率）で販売しても買ってくれる
- 価値を認めているので、繰り返し購入してくれる

 そして

- このやり方を、手順として設計すればいい

 さらに

- この手順をルーチン化すれば、誰でも短期間で、手間・労力・時間・コスト・人手がかからず効率的・効果的に運用できるようになる

 つまり

- 売上アップがルーチン化される
- 誰でもルーチンをこなすだけで、売上アップが実現する

4-7
営業マジック！
営業マンの悩み解決を手順化しよう

● ツールを使って手順化することで、営業マンの悩みは一気に解決

　第2章で、営業に関する様々な問題点を紹介しました。

　前述の「売上アップの4手法の融合」と「売上アップの手順化」で、これらの営業の問題の多くは改善します。しかし、それだけではすべてを解決できません。

　そこで、手順やツールの中に営業マンの悩みの解決策を組み込むと、手順どおりルーチンをこなし、ツールを活用するだけで、すべての営業の問題も解決します。

　例えば、「新規顧客をどうやって見つければいいか」という悩みは、ターゲットリストを作成すれば解決します。

　「初回面談でどうやってアポイントを取るか」は、テレアポでうまく話ができるようにスクリプトを作成すれば解決します。

　「初回面談の時にどんな話をすればいいのか？」は、自己紹介ツールと自己紹介スクリプトを作成して、まずはしっかりと自分自身をアピールします。

　続いて「1枚提案書」を活用して営業説明を行います。

　この1枚提案書は、詳細は後述しますが、自社の価値をＡ4用紙1枚でコンパクトにまとめた営業ツールであり、「読むだけでプロの営業トークができる」というものです。

　これを使えば、短時間で自社の価値を伝えることができ、相手の反応によって見込み客になるかどうかもすぐに判断できます。このようにツールを使い、営業と販促を融合するだけで、様々な問題が解決できるのです。

　その結果、営業マンのスキルアップは不要となり、営業教育も必要なくなります。また、営業活動は手順化され、顧客との交渉もいらなくなるた

め、営業マンはストレスフリーです。

そして、営業活動は手順化されルーチン化されているため、営業の素人でも、短期間で、プロの営業マンのように営業活動ができるのです。

◘営業マンの悩み解決を手順化◘

営業マンの悩み	解決手法
新規顧客をどうやって見つければいい？	ターゲットリスト
初訪問は、どうやってアポイントを取ればいい？	スクリプト
初面談で、どんな話をすればいい？	自己紹介ツール 自己紹介スクリプト １枚提案書
初面談で、見込み客になるかどうか、どうやって判断する？	１枚提案書
どうすれば、顧客が必要になったタイミングで訪問できるのか？	ニュース（セールス）レター
どうすれば、顧客と信頼関係を構築できるのか？	ニュース（セールス）レター
どうすれば、新規顧客を開拓できるのか？	ブランド・アプローチマップ 紹介ツール
既存顧客に、用事もないのにどうやって定期訪問すればいい？	ニュース（セールス）レター
どうすれば、顧客をリピーター、ファンにできるのか？	ブランド・アプローチマップ
営業マンをどう管理すれば、しっかりと営業するようになる？	営業マン管理、顧客管理

 その結果

- 営業マンのスキルアップ不要、交渉不要、教育不要、ストレスフリー
- 営業の素人でも、短期間で、プロの営業に営業活動が可能になる

第4章 小さな会社でも、再生企業でも、ブランドは確立できる

第5章

「ブランド」と
「ブランディング」を
理解する

5-1 売上アップの４手法の位置づけ

● ４手法の「一般定義の位置づけ」と「再定義による位置づけ」

ここでは「売上アップの４手法」の一般的な定義と再定義について、各々の位置づけを考えていきます。

一般的な定義は、広範囲で曖昧に書かれているため、４手法各々の内容が重複します。これは、売上アップの手法全体を分類したのではなく、各々の手法が独立的に定義されたために起きています。

そのため、一般の定義と、現場の活動の結びつきが曖昧になり、わかりづらくなっているのです。

そこで、再定義した４手法の位置づけを整理します。

まずこれらの４手法は、大きく戦略と戦術の２つに分かれます。

戦略とは、大局的・長期的な視点で策定する、進むべき方向性であり、一言で言うと「方針」です。

一方で戦術とは、戦略を実現させるための手段や、成果を出すための具体的な方法のことで、一言で言うと「具体的施策」です。

４手法の中で、ブランディングとマーケティングが「戦略」で、営業と販売促進が「戦術」に当たります。

つまり、ブランディングやマーケティングで戦略を構築し、その戦略を沿った戦術、つまり具体的施策として、販売促進や営業を実施するのです。

さらに、ブランディングは、本書ではマーケティングの上位に位置する戦略に位置づけています。

つまり、マーケティングは、ターゲット顧客に対して強みを「伝達」することで、顧客を「リピーター」に育てることであり、「企業が仕掛ける」ことで「売れるしくみを作る」ことを目指すものです。

一方でブランディングは、強み（価値）を繰り返し伝達して顧客に「浸

透」させることで、顧客を「ファン」に育てることであり、企業が仕掛けるのではなく「客が自ら選んで」購入するよう「売れ続けるしくみを作る」ことを目指すものです。

◪ 4手法の一般的定義のイメージ ◪

- マーケティング
- ブランディング
- 営業
- 販売促進

位置づけ（境界線）が曖昧
⇒売上アップ全体が描けず、個々の手法に特化した取組みに偏る

◪ 4手法の再定義のイメージ ◪

マーケティング	ブランディング
営業	販促

位置づけ（境界線）が明確
⇒売上アップ全体を踏まえ、個々の手法を活かした施策の設計が可能

再定義の詳細

◪ 4手法の再定義による位置づけ ◪

4手法	再定義	位置づけ	戦略/戦術
ブランディング	価値の浸透活動	ブランディング	戦略
マーケティング	ターゲット・強み・方針の明確化、施策設計	マーケティング	戦略
販売促進	ツール、コンテンツの配信	営業　販売促進	戦術
営業	顧客との直接面会		戦術

5-2
マーケティングとは、「誰に」「何を」「どのように」を明確にすること

● マーケティングにおける「顧客と企業の関係」と「顧客の成長」

　マーケティングとは、「ターゲット顧客（誰に）、強み・価値（何を）、方針（どのように）」を明確にすることです。

　マーケティングを難しいと思う人がいますが、これは、①定義が幅広くイメージがしにくいこと、②関連書籍が学術的内容で難しいこと、③大企業向けの大々的調査や分析とイメージされていること、が原因です。

　このうち③の調査や分析は、ターゲット顧客や自社の強みを明確にするためのものであり、小さな会社の場合、自社製品や他社製品、従来の得意先を洗い出せばわかるので、大々的な調査は必要ない場合が多いのです。

　では、マーケティングを、顧客と企業の関係で説明していきましょう。

　企業は顧客からお金をもらって、商品・サービスを提供しています。

　この時、顧客は単に企業にお金を払っているのではなく、企業を信用し、信頼して購入します。また好きな企業の新製品だと、期待したり、敬意を表する人もいます。

　一方で企業は、商品やサービスを顧客に提供するだけでなく、商品・サービスを通じて、顧客の問題を解決したり、欲求を満足させたりしています。

　日常的に行われる企業と顧客の売買取引の背景には、このような深い意味があります。だから、顧客の問題解決や欲求を満たすことができるよう、ターゲット顧客を明確にし、そのターゲット顧客に適合した強みや価値を伝えることが重要なのです。

　もしマーケティングの考えなしに、闇雲に商品を値引きして販売しても、安いだけで購入する顧客が増えるだけで、顧客から信用・信頼などは得られませんし、問題解決や欲求満足も不十分になります。

また、ターゲット顧客の期待を裏切る施策を行うと、顧客は二度とリピートしてくれません。そうなると一気に顧客は減少するので注意が必要です。

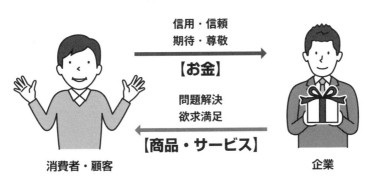

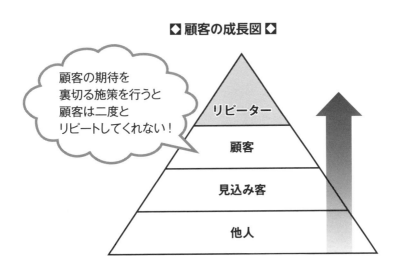

5-3
ブランドとは、会社名や商品名から連想する「価値イメージ」

●会社名や商品名そのものがブランドではない

「ブランド」と聞いてイメージすることは、ブランド力の高い企業名や商品名が多いのではないでしょうか。例えば会社名では、アップルやマクドナルド、フェラーリ、ティファニーなどです。

そのため、「ブランドとは会社名や商品名そのものである」と考える人が多くいます。しかし、会社名や商品名、あるいは店舗名など、名前そのものがブランドなのではありません。

ブランドとは、顧客が、その会社や商品・サービスに対して思い浮かべる「価値イメージ」。つまり顧客が、会社名や商品名を見聞きして、どんなイメージを連想するのか、例えば、アップルと聞いてイメージするのは「革新的」「おしゃれ」「高機能」などであり、これらがブランドなのです。

●ブランディングでリピーターをファンに成長させる

ブランディングは、本書ではマーケティングの上位に位置する戦略としています。

具体的には、マーケティングは、ターゲット顧客に、自社や商品の強みを「伝達」することで、顧客にリピートしてもらいます。つまり、マーケティングの目的は「リピーターの獲得」になります。

そしてブランディングは、マーケティングをさらに発展させて、ターゲット顧客に、自社や商品の強み（価値）を伝え続けて「浸透」させることで、リピーターの忠誠心を高め、自社のファンになってもらいます。つまり、ブランディングの目的は「ファンの育成」であり、企業が何も仕掛けなくても、顧客が自ら選んで購入するようになることです。

販売促進は、顧客に安売りチラシも含めたツールを送って「売るしくみ

づくり」、マーケティングは、ターゲット顧客に自社の強みを伝えて「売れるしくみづくり」、ブランディングは、顧客にファンになってもらって「売れ続けるしくみづくり」と言えるのです。

◊ ブランドとは ◊

> 顧客が、その会社や商品・サービスに対して思い浮かべる「価値イメージ」

◊ ブランディングの目的 ◊

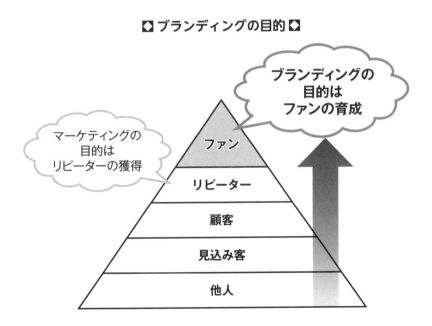

5-4
価値を高めることで価格を上げることができる

●ブランドは同機能の製品の価値を何倍にも高めることができる

ブランドをより深く理解するために、別の角度から説明します。

同レベルの機能のものも、差別化された付加価値を付けてブランド構築することで、ノーブランドより何倍も価値を高めることができます。

例えば、100円で販売していた製品を、ブランド力を付けたことで250円で販売できるようになった場合、100円だった製品は、ブランドを構築することで250円に価値が上がったことになります。

このようにブランドを構築すると、他社の価格とは関係なく、自社で価格をコントロールできるようになり、自社で値付けができるのです。

一方でブランドがなければ250円では売れません。価値が顧客に伝わっていないからです。同じ機能の他社製品は100円で、その他社と違いがないのですから、他社と同じように100円でしか売れないのです。

1つ具体的な例を上げると、時計は、数千円で買えるものもあれば、何百万円もするものもあります。「時間を確認する」という機能面だけの価値は同じであっても、ブランドによって何十倍、何百倍にもなることがあるのです。

●「値下げ」とは自ら価値を下げる行為

「ブランド品は値下げしてはいけない」と言われます。その理由は、値下げと合わせて価値まで下がってしまうからです。

例えば、ブランドによって100円の商品を250円で販売できるようになったケースで50円値引いてしまうと、価値は200円になります。

そして、元々の製品の価値は100円しかないので、200円に値下げした時点で、二度と250円に上げることができなくなります。

ブランドを構築したら、できるだけ値引きしないことが大事なのです。

🔹ブランドの有無による価値の違い🔹

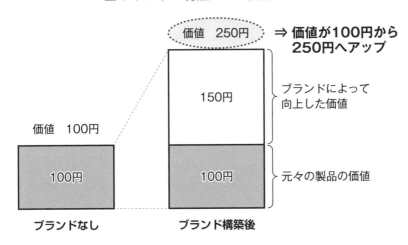

🔹ブランドのある商品の値下げ後の価値🔹

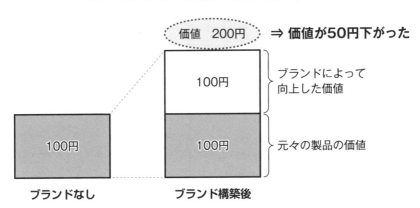

5-5 「ブランド」と「ブランディング」の整理

●小さな会社には「ブランド」が必要

ここで「ブランド」と「ブランディング」についておさらいします。

まず、小さい会社というのは、大企業と比べて圧倒的に販売量や製造量が少ないため、大量仕入で仕入れ値を安くできませんし、最新設備を導入して生産の効率化を高めることもできません。そんなことをしたら製品1個当りの経費（固定費）が高くついてしまいます。

つまり、大企業は低利益率で販売しても、大量販売によってトータルの「利益額」を稼ぐことができますが、小さな会社は、販売数が少ないため、1個1個の「利益率」を高くして売らなければ、固定費を賄えず利益が出ないのです。

そのため、顧客に高い価格でも納得して買ってもらう必要があり、そのために「ブランド」が必要になるのです。

●「ブランド」と「ブランディング」

「ブランド」とは、その企業・商品の名称そのものではなく、そこから連想する「価値イメージ」です。

会社がブランド力を付けるには、しっかりした価値のある商品を展開し、かつこれらの価値をターゲット顧客に繰り返し伝えて浸透させなければなりません。そうしなければ、顧客に価値を連想してもらえないのです。

この、会社のブランド力を付ける活動が「ブランディング」です。

ブランドが確立すると、競合他社の価格を気にせず、自社で値付けができるようになり、高い価格で販売できます。それでも顧客は、自社の価値を認めているので、高くても繰り返し買ってくれます。

つまり、価値を認め、高価格でも喜んで購入する「ファン」の顧客が増

え、そのファンが繰り返し購入してくれるようになります。その結果、売上や利益が安定し、安定した経営が実現するのです。

◘ブランドとブランディング◘

- 大企業は大量販売で「利益額」を稼げるが、小さな会社は少量販売のため、1個1個の「利益率」を稼がなければ経営が厳しくなる
- そのため、自社で価格をコントロールし、他社より高い価格、つまり高利益率で販売できるようにしなければならない
- そのためには、顧客が高い価格でも納得して買うようになるための「ブランド」が必要になる

ブランドとは？

ブランド＝その企業・商品の価値イメージ

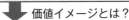
価値イメージとは？

顧客が、会社名や商品名を見聞きして連想するイメージ
（例）アップル⇒「革新的」「おしゃれ」「高機能」

会社がブランド力を付けるには？

- 「価値」のある商品を展開する
- 「価値」をターゲット顧客へ伝え続け、浸透させる

この活動が

ブランディング

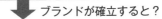
ブランドが確立すると？

- 自社で値付けができ、他社より高価格（高利益率）で販売できる
- 顧客が自社の価値を認めているので、繰り返し買ってくれる

つまり

- 価値を認め、値引きを要求しないファン層の顧客が増える
- ファンなので繰り返し購入するので、1人当り購入回数が増える

その結果

売上・利益が安定した経営が実現

5-6
「ブランド・アイデンティティ」と「ブランド・イメージ」

●「ブランド・イメージ=ブランド・アイデンティティ」にする活動

　ブランディングとは「価値の浸透活動」と再定義しました。ここではブランディングを、さらに掘り下げて説明します。

　企業には、顧客に「こう思われたい」という価値イメージがあります。この、顧客に思われたい価値イメージを「ブランド・アイデンティティ」と言います。ブランド・アイデンティティは、自社の独自性や、差別化された「価値」を文章にしたもので、企業のブランドの核となるものです。

　一方で顧客や消費者は、企業に対し、顧客が勝手に思う企業イメージがあります。これを「ブランド・イメージ」と言います。

　これらブランド・アイデンティティとブランド・イメージがイコールになっていれば、この会社はブランドが確立していると言えます。

　そして、この「ブランド・イメージ=ブランド・アイデンティティ」にする活動が、ブランディングなのです。

　しかし、このブランド・イメージとブランド・アイデンティティは、なかなかイコールになってくれません。

　例えば、ある会社が顧客に「高品質な製品を製造する会社」と思われたくても、トラブルばかり起こしたり、競合がさらに高品質な製品を作っていたりしていたら、顧客から「トラブルの多い低品質な製品を作る会社」「他社より品質が低い会社」と思われてしまうのです。

　そのため、これらをイコールにするのは簡単ではないのです。

　そこで、企業が、このブランド・アイデンティティ自身や、これと一貫性のある情報を継続的に発信して、顧客に自社の価値イメージの浸透を図る必要があるのです。これが、ブランディングの主な活動です。

　そしてブランディングのゴールが「ブランド・イメージ=ブランド・ア

イデンティティ」なのです。

◆ブランド・イメージとブランド・アイデンティティ◆

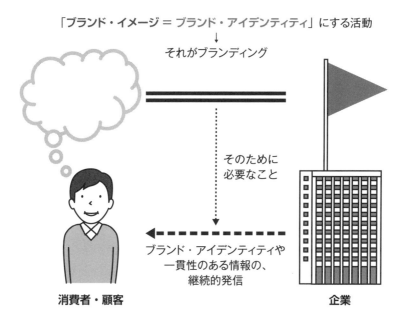

※参考：(一財) ブランド・マネージャー認定協会　ベーシックコーステキスト

5-7 「価値イメージ」を文章にしたものがブランド・アイデンティティ

●ブランド・アイデンティティのポイント

　ブランディングの目標は、自社の価値イメージを言葉で表現したブランド・アイデンティティを、顧客に「ブランド・イメージ」として連想してもらうようにすることです。そのため、ブランド・アイデンティティは顧客が容易に理解できなければなりません。

　ポイントは「しっかりと価値が伝わるよう、わかりやすく、素直に書くこと」です。凝りすぎたり、必要以上に文章を短くしすぎたり、キャッチフレーズのように奇をてらう必要はありません。また盛り込みすぎて文章が長くなり、読んでもらえなくなるのも問題です。誰でも読める適度な長さで（20〜50文字程度）、しっかりと価値が理解できる文章にします。

　もう1つ注意が必要なのが、大企業を真似してはいけないことです。

　大企業は、元々認知度が高いため、詳細に書く必要がありません。

　例えばスターバックスのブランド・アイデンティティは「サードプレイス」ですが、これは「自宅（ファーストプレイス）」でも「職場（セカンドプレイス）」でもない、自分らしく過ごせる第三の居場所を意味します。

　これは、誰もが知るスターバックスだからこそ、ここまで文章を短くしても伝わるのです。小さな会社は基本的に、自社を知らない人に向けて作成することになるため、初めての人にもすぐに理解できる内容の、わかりやすい、適度な長さの文章であることが必要です。

　顧客に価値をわかりやすく伝えるための基本構成は「会社の価値（強み）＋顧客のベネフィット」です。

　「ベネフィット」とは、会社の価値（強み）によって顧客が受ける利益（便益）。つまり「強み」とは「企業側」の優位性、「ベネフィット」は「顧客側」の利益です。これらを合わせた文章を作成・発信することで顧客に

価値が明確に伝わります。

◪ブランド・アイデンティティとは◪

自社の「価値イメージ」を言葉で表現したもので、「顧客にこう思われたい」を示したもの

◪ブランド・アイデンティティ作成のポイント◪

- 初めての人にも理解できる内容が盛り込まれた、適度な長さ（20～50文字程度）がわかりやすい
- 基本構成は、「会社の強み＋顧客のベネフィット」

◪ブランド・アイデンティティの例◪

スターバックス	サードプレイス
Google	世界中の情報を整理し、世界中の人々がアクセスできて使えるようにすること
AKB48	会いにいけるアイドル
某鶏肉製造販売	最高級の素材力の鶏肉 ～血統を守り抜き、最高級の味・香り・食感を持つ鶏～
某老人ホーム	もう一つの我が家 ～本人の「生活習慣」と「気分」に合わせ、自宅のようにくつろげる、心のゆとりをご支援する老人ホーム～
某精肉販売店	和牛本来のおいしさが味わえる「Ａ４メス」の高級黒毛和牛を使った、バラエティ豊かなお弁当を適正価格で販売する精肉惣菜店
某クリーニング店	お客様の知らない様々なサービスを提案し、お客様の日常生活の快適性を提供するクリーニング店
某食品スーパー	他にはないバラエティ豊かな商品と、愉快で楽しいPOPで、ショッピングのワクワク感を提供するスーパー

5-8
3つの価値「機能的価値」「情緒的価値」「自己表現価値」

●価値には3つの種類がある

　価値とは、消費者・顧客にとっての価値のことで、3種類あります。それは「機能的価値」「情緒的価値」「自己表現価値」です。

　まずは「機能的価値」ですが、これは商品・サービスの機能や性能によって得られる利便性、利益のことです。

　時計を例にとって説明すると、時計の機能的価値は「時刻を正確に知らせること」です。

　ただ、時計の価値が、単に正確な時間を知るだけのものであれば、ドラッグストアなどで売っている1,000円の時計で十分です。しかし世の中には、ロレックスなど何百万円もする時計があります。これは、ロレックスなどのブランド品には、機能的価値以外に「情緒的価値」と「自己表現価値」があるからです。

　「情緒的価値」とは、その商品・サービス独特のデザインや色、形状で得られるポジティブな感情のことで、美しさや高級感などが該当します。時計で言うと、ロレックスなどの見た目やデザインのことです。

　さらに「自己表現価値」とは、一流のブランドを身につけることで感じられるステイタスや、理想の自分像へ近づける充実感などです。例えばロレックスを身に着けることで、自分自身が社会的にワンランク上がったような気分を味わえる、ということです。

　整理すると、機能的価値のポイントは「機能・性能」で、商品・サービスの「中身」に注目しています。

　情緒的価値のポイントは「デザイン（色・形状）」で、「見た目」に注目しています。

　そして自己表現価値のポイントは、商品・サービスの持つ「イメージ」

で、商品・サービスから「連想」されるものに注目しています。

● 「情緒的価値」の前に「機能的価値」

近年、「商品・サービスの機能的価値に差がなくなっているため、情緒的価値で差別化を図るべきだ」と言われます。これはマクロ的には正しいと言えます。しかしこれを背景に、単に商品やカタログなどのデザインをきれいにすればいいわけではありません。

単にデザインをきれいにしただけでは、価値を上げるのは難しい場合が多いからです。まずは機能的価値の中で、自社の強みやこだわりを整理し、その会社が勝負すべき価値を見出し、その機能的価値を踏まえてデザインという情緒的価値を考えることが大切です。

◆ 3つの価値 ◆

	機能的価値	情緒的価値	自己表現価値
意味	商品・サービスの機能や性能によって得られる利便性、利益	商品・サービスの独特のデザインや色、形状で得られるポジティブな感情	商品・サービスを所有、体験することで（一流のブランドを身に着けることで）感じられるステイタスや、理想の自分像へ近づける充実感
ポイント	機能、性能	デザイン（色、形状）	イメージ
注目するところ	中身	見た目	連想

5-9
価値浸透の2ステップ 「ブランド再認」と「ブランド再生」

●「ブランド再認」と「ブランド再生」とは

企業や商品が顧客に知られるようになり、顧客がブランドを思い起こすようになるプロセスは、以下の2つのステップが必要となります。

最初のステップは「ブランド再認」。これは、ブランド名を見聞きした時に、そのブランドを認識する、つまり、「そのブランド名を知っているかどうか」です。

例えば、外出先で「こますし」という看板を見つけた時に、「こますし」というブランド名を知っていれば反応する、ということです。

続いて「ブランド再生」は、顧客にニーズが発生した際に特定のブランド名を直接思い起こすことです。例えば、寿司を食べたいというニーズが発生した際、数ある寿司屋の中から真っ先に「こますし」を思い出すことです。

●ゴールは「ブランド再生」、その前提が「ブランド再認」

ブランドづくりに大切なのは、消費者や顧客に知られるだけでなく、特定の「ニーズ」と直結して思い起こさせるようにすることです。

前述の例で、顧客が寿司を食べたいと思った時に、競争が激しい寿司屋の中で、真っ先に「こますし」を思い出してほしいわけです。つまり、顧客に「寿司といえば『こますし』」と思ってもらうことを目指すのです。

それには、こますしが他社と違う、差別化された良さがあるからこそ、顧客はその差別化された良さを「価値」と認めて、寿司屋の中で一番に思い起こすようになるのです。

しかしそのためには、まずは企業名（商品名）を知ってもらわなければなりません。知らなければ思い出してもらえません。

そのうえで、ブランド名と、その価値とを顧客に紐づけて認知させる活動が必要になるのです。

◆ブランド再認◆
ブランド名やロゴなどに接した際に、特定のブランドを認識すること

◆ブランド再生◆
ニーズが発生した際に、特定のブランド名を直接思い起こすこと

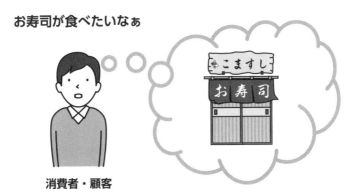

※出典：(一財) ブランド・マネージャー認定協会　ベーシックコーステキスト

5-10
ブランドは「資産」である

● ブランド・エクイティの4つの構成要素こそ、ブランドそのもの

「資産」とは「土地・建物・設備・金銭などの財産」ですが、ブランドも「資産」としてとらえる考え方があります。これは、ブランドに対する消費者からのイメージの良しあしで商品の価格や生産量が変わってくるからです。

このような、ブランドが持つ知名度や信頼感などの無形の価値を「資産」ととらえたものを「ブランド・エクイティ」と言います。

ブランド・エクイティの4つの構成要素について説明します。

1つ目は「知覚品質」で、競合ブランドと比較して購買を動機付けるだけの優位性や差別化であり、これがいわゆる「強み」です。これこそが購買を決定づけるもので、最も重要な要素と言えます。

2つ目は「ブランド認知」で、消費者に事業（商品・サービス）が正しく認識されているかを表します。

3つ目は「ブランド連想」で、ブランドが消費者の頭の中に呼び起こす一連の連想であるため、ブランドの本質と言えます。

そして4つ目が「ブランド・ロイヤリティ」で、顧客が持つ、ブランドへの忠誠の度合いを表します。顧客がファンになり、その商品を「必ず買いたい」と思うコミットメントレベルの指標とも言えます。

このブランド・エクイティの4つの構成要素が、ブランドそのものであり、ブランドを作り上げる時に考慮すべき内容です。

具体的には、まずは商品・サービスに差別化された強みを構築し（①知覚品質）、商品と価値を正しく顧客に認知してもらい（②ブランド認知）、そして顧客に自社の価値を頭の中に呼び起こしてもらい（③ブランド連想）、最後に、高い忠誠心を持ってもらうファンを増やす（④ブランド・ロイヤ

リティ)、という流れです。

本書で紹介する内容も、これら4つの要素を実現する手法です。

◆ブランド・エクイティ◆

①知覚品質	競合ブランドと比較して購買の動機付けとなる優位性、強み、差別化要因
②ブランド認知	顧客・消費者に、会社、あるいは商品・サービスが正しく認識されている
③ブランド連想	ブランドが顧客・消費者の頭の中に呼び起こすイメージ
④ブランド・ロイヤリティ	顧客・消費者が持つ、ブランドへの忠誠の度合い

ブランド・エクイティ
- 知覚品質
- ブランド認知
- ブランド連想
- ブランド・ロイヤリティ

5-11
経営マジック！ ブランド・アイデンティティのビジョン化

●社内活動もブランディング

　ここまで解説してきた顧客や消費者に向けたブランディングは、外部に向けた取組みであることから「エクスターナルブランディング」と言います。

　一方で、会社内部向けに行うブランディングを「インターナルブランディング」と言って、こちらも重要な活動になります。なぜなら、ブランディングとは「価値イメージの浸透活動」であり、社員1人ひとりの日々の活動が、顧客への価値浸透につながるため、社員がその会社のブランドを理解していないと、一貫性のあるメッセージを伝えられないからです。

　インターナルブランディングで最も効果があるのは、ブランド・アイデンティティをビジョンにすることです。

　経営には経営理念・ビジョン・ミッションが必要だと言われますが、小さな会社ではこれらがないことが多く、あったとしても社員には浸透していないため、これらを理解している社員はほとんどいません。

　また、経営者の多くは、「会社の統制が取れない」「社員の士気が低い」「社員に自主性がない」「社員が顧客軸で考えない」などの問題を抱えています。

　しかし、ブランド・アイデンティティをビジョンにする、つまり、会社と社員の目指すべきゴールに設定することで、極めて高い効果が生まれます。

　具体的には、「顧客にどう思われたいか」がゴールなので、社員にとってわかりやすく、浸透しやすくなります。

　そして社員1人ひとりが「顧客に思われたいことをどうすれば実現できるか」という顧客軸で物事を考え、行動するようになるため、社員の自主

性や士気が向上するだけでなく、社員のレベルも向上します。

また、社員全員がブランド・アイデンティティを目指すため、ベクトルが一致し、組織の統制や意思統一が容易になり、組織力が向上します。

さらに、経営者の顧客軸による判断で、経営判断の質も向上します。

このようにブランド・アイデンティティのビジョン化は、経営者が全員悩んでいると言っても過言ではない様々な経営者共通の悩みが、一気に解決できる、まさに「経営のマジック」なのです。

◆ブランド・アイデンティティをビジョンにするメリット◆

①社員への浸透が容易
②社員の士気向上、自主性向上、レベル向上
③経営者、社員1人ひとりが顧客軸
④全社員のベクトルが一致しやすい
⑤組織の統制、意思統一が容易で、組織力が向上
⑥顧客軸による経営判断で、経営者の判断力が向上

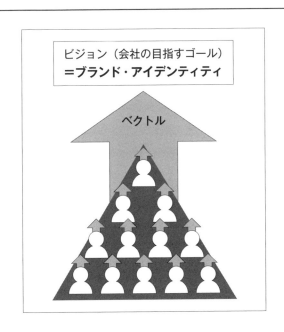

第6章

売上アップの4手法の役割と販促のポイント

6-1 売上アップの手順の全体像

● 「売上アップのルーチン化」実現のための3要素

　日々の営業・販促活動の手順を設計し、活用するツールの中にマーケティングとブランディングの要素を入れ込むことで、日々の手順化された活動でブランディングが実施でき、売上アップが「ルーチン化」されます。

　この「売上アップのルーチン化」のためのポイントが、①価値の明確化、②売上アップのプロセスの手順設計、③手順に沿った有効なツールの作成、の3点です。この3点についての概要を確認します。

　まず「価値の明確化」ですが、このために「ブランド解説書」を作成します。

　これは、自社の価値をA4用紙1枚にまとめた資料であり、自社のブランドに関する解説書です。

　この資料を作成するために、自社の強みや価値をあぶり出す必要があるのですが、そのために3C分析を行います。そのうえで、自社のブランドの御旗とも言うべきブランド・アイデンティティを構築します。

　次に「売上アップのプロセスの手順設計」ですが、ポイントは、新規開拓から既存顧客のリピート化まで、売上アップの営業・販促活動の「全体」を設計することです。

　「チラシを作る」「顧客を訪問する」「ホームページを作成する」といった、売上アップの活動の「一部分」だけに注目することにならないようにします。

　そして最後が、「手順に沿った有効なツール作成」です。このツールの中にブランドの要素を反映させ、定期的に顧客に配信することで、自然にブランディングが実施されるように設計するのです。

　売上アップのプロセスを手順に落とし込むには、製造業でいう「工程」

に分けて、各工程で、具体的施策の手順を明確にします。そして各工程の目的に合わせたツールを作成し、これらを配信するよう設計するのです。

◪売上アップの４手法の融合による売上アップのルーチン化◪

①価値の明確化
②売上アップのプロセスの手順設計
③手順に沿った有効なツール作成

◪「売上アップのルーチン化」の準備◪

①価値の明確化	〈ブランド解説書作成〉 3C分析、ブランド・アイデンティティ構築
②売上アップの 　プロセスの手順設計	ブランド・アプローチマップの作成
③手順に沿った 　有効なツール作成	営業・販促ツール （例）ターゲットリスト、スクリプト、１枚提案書、ニュースレター／セールスレター、自己紹介ツール、他
	管理ツール （例）顧客シート、顧客進捗表、スケジュール表、他

「売上アップのルーチン化」の実行

6-2 売上アップのルーチン化における4手法の役割

●営業と販売促進の役割

　売上アップのプロセスを手順化し、各ツールを作り込むにあたり、売上アップの4手法をどのように役割分担させるかについて整理します。

　まず営業と販売促進ですが、共に具体的、実践的な手段である「戦術」であり、日々の活動の中で実施するものです。

　営業として実施する内容は、顧客との1対1の直接対応です。面談やメールのやりとりの中で、情報収集や個別の対応、提案を行います。

　販売促進は、まず必要なツールを作り込みます。ツールは徹底してレベルを上げ、「読むだけでプロの営業トークができるレベル」に到達させることがポイントです。

　その他、定期的なツールやコンテンツの配信で、営業の定期訪問の代わりになります。この定期配信で、価値の伝達や浸透を図り、また、顧客との信頼関係を構築します。

●マーケティングとブランディングの役割

　マーケティングは「戦略」に位置づけされます。総合的、中長期的手段であり、活動の方針やシナリオづくりになります。また、「誰に・何を・どのように」を明確化したうえで、売上アップのシナリオを構築します。

　ブランディングは、マーケティングと同様に「戦略」になります。

　具体的には、価値を明確にしたうえでブランド・アイデンティティを構築し、ブランド解説書を作成します。そして、このブランド解説書を使って社内で自社のブランドについて共有化し、ブランド・アイデンティティをベースにして自社の価値を社外に発信していきます。

　販売促進で作成する「ツール」にブランディングの要素を組み込むこと

で、日々の営業・販促活動で同時にブランディングができるようにします。

◘売上アップの4手法の役割◘

4手法	戦略戦術	活動方法	概要
営業	戦術	日々の活動	・顧客と1対1の直接面談、メールのやりとり ・相手の情報収集による現状把握、個別対応、顧客に合わせた個別提案
販売促進	戦術	日々の活動	・必要なツール、コンテンツの作成 ・ツールの高品質化（読むだけで会社の価値がわかる、読むだけでプロの営業トークができるレベル） ・見込客・既存客に対し、メール・郵送でツールを発信し、価値の伝達と関係構築
マーケティング	戦略	活動の方針シナリオづくり	・「ターゲット顧客（誰に）」「強み・価値（何を）」「施策（どのように）」の明確化 ・他人を顧客、リピーターにするまでの売上アップの手法全体の流れと施策の設計
ブランディング	戦略	ツールに表現	・ブランド・アイデンティティの構築 ・ブランド解説書の作成 ・社内にブランド解説書を浸透 ・社外にブランド・アイデンティティを発信、浸透 ・社外にブランド・アイデンティティとそれに一貫性のある内容を発信、浸透

6-3 売上アップをルーチン化するための5大ツール

● 「5大ツール」とは何か

　売上アップの4手法を融合し、売上アップを手順化してルーチン化するためには、様々なツールが必要になります。

　その中で最も重要なのが、「ブランド解説書」「ブランド・アプローチマップ」「1枚提案書」「ニュースレター」「セールスレター」の5大ツールです。詳細は後述しますが、ここでは簡単に概要を説明します。

　まずは「ブランド解説書」は、自社の価値をA4用紙1枚にまとめたもので、自社のブランドに関する解説書です。主に社内向けに、社員全体にブランドを浸透させるために使います。

　「ブランド・アプローチマップ」は、売上アップ全体の設計書のようなもので、売上アップのプロセス、つまり、工程と手順が書かれた、営業と販売促進のマニュアルのようなものです。このマップを使って、売上アップ全体を設計します。

　「1枚提案書」は、社外向けに、自社の価値をA4用紙1枚にまとめた営業ツールです。「読むだけでプロの営業トークができる」という内容と構成であり、初回面談時に説明し、顧客に自社の価値を理解してもらって、見込み客になるかどうかを判断します。

　「ニュースレター」と「セールスレター」は、共に見込み客や既存客への定期アプローチのために活用するツールです。

　営業の定期訪問の代わりに実施するイメージです。ニュースレターは、お客様への手紙のような役割のため、ここで売り込みは基本的にNGです。

　一方でセールスレターは、顧客の来店や購入を誘導するものであるため、売り込むためのツールになります。

　これらニュースレターとセールスレターは、別々に分けますが、セット

で活用することで効果が出ます。

◪売上アップのルーチン化の5大ツール◪

①ブランド解説書	・自社のブランドを整理した解説書 ・自社ブランドの社内浸透用ツール
②ブランド・アプローチマップ	・売上アップの設計書 ・売上アップのプロセス全体が書かれた、営業・販促活動の手順書
③1枚提案書	・初回面談客向け、自社商品説明ツール ・ネットでも活用できる万能ツール
④ニュースレター	・見込み客、既存客への定期アプローチ用ツール ・顧客への「手紙」であるため、売り込みは基本的にNG
⑤セールスレター	・見込み客、既存客への定期アプローチ用ツール ・顧客の来店や購入を誘導するための、売り込むためのツール

6-4
補足①
押さえておきたい販促のポイント(1)

　売上アップの手順設計に際に、前述の内容以外で押さえておきたい販促のポイントをお伝えします。

●大企業は「イメージ重視」、小さな会社は「直接価値の伝達を重視」

　大企業は、エンターテインメント性（話題性）やイメージ戦略を重視する傾向があります。

　これは、大企業は元々知名度があり、企業名（商品名）と接する頻度が多く、幅広いターゲット層の様々な商品を持っています。そのため、より広い顧客層に、より良いイメージを持ってもらうことで、中長期的な購買活動につなげる（顧客生涯価値を高める）必要があるためです。

　テレビCMで有名人を登用するのは、その有名人のイメージと、その会社の商品イメージを重ね合わせることが狙いです。

　一方で小さな会社は、知名度がないうえに、大企業のように販促でコストをかけることはできません。そのため、ターゲット顧客に対し、最小コストで、最短期間で、自社の価値が伝わることが重要です。

　つまり、販促の中で、会社名（商品名）を知ってもらい（ブランド再認につなげる）、自社（商品）の価値を知ってもらう（ブランド再生につなげる）という双方を実施することが重要です。

　そのためには、イメージを伝えただけでは正確には伝わりません。直接的な表現で価値を伝達することがポイントなのです。

●push型、pull型

　販促の手法は大きく「push型」と「pull型」があります。

　push型は、売る側の都合やタイミングで発信する広告であり、代表的

なものは、新聞・雑誌広告、折込チラシ、メルマガ、FAXDMなどです。

一方でpull型は、ユーザーが能動的に情報を取りに行くもので、代表的なものは、ネット検索やネット広告、SEO対策などです。

これらを押さえたうえで、push型とpull型のどの販促を実施するのが有効かを検討することが大切です。なお、本書で紹介する販促の手法はpush型になります。

◘大企業と小さな会社の販促の違い◘

大企業	エンターテインメント性（話題性）とイメージを重視
小さな会社	直接価値の伝達を重視

◘push型、pull型◘

名称	特徴
push型	・売る側の都合やタイミングで発信する広告 ・ユーザーは、自分の意思に関係なく、受動的に情報を受け取る （例）CM、新聞・雑誌広告、折込チラシ、ポスティング、メルマガ、FAXDM
pull型	ユーザーが能動的に情報を取りに行くもの （例）ネット検索、ネット広告、SEO対策

6-5 補足①
押さえておきたい販促のポイント(2)

●集客と販売の分離

続いての販促のポイントは、「集客と販売の分離」です。

これは、商品やサービスの販促を考える場合、1つの販促の手法で集客と販売を一緒にやることは難しいため、別々に考えるようにします。

つまり「顧客にしたい人をどうやって集めるか（集客）」と、「集めた人にどうやって販売するか（販売）」を別々の手法で、2ステップで設計し、実施することが重要なのです。

例えば、食品スーパーは、チラシの特売品で多くの顧客を集客し、集客した顧客に、それ以外の高利益率の商品を購入してもらうために商品陳列やPOPなどで誘導します。

また、美容院などのサービス業では、街頭やネットで無料お試し券を配布して集客し、実際に試してもらってサービスの内容に満足してもらい、不安を解消してから本契約を締結します。

●フロントエンドとバックエンドとは

もう1つは「フロントエンド」と「バックエンド」です。

フロントエンドとは、最初に見込み客に提供する商品・サービスで、本命の商品の購入に導くための「呼び水」です。

一方でバックエンドとは、フロントエンドの提供後に販売する商品・サービスです。これは、会社が実際に販売したい商品・サービスであり、通常は高い利益率を確保できるものです。

例えば「お試し品」で、実際の商品の販売やリピート、定期販売を促します。また、スーパーのチラシの「特売品」で多くの客を集めて、実際に店舗で他の商品も購入してもらいます。

会社側が本当に売りたい商品は、初めて購入する客にとっては高いと感じる場合が多く、顧客化はハードルが高いものです。

　そのため、まずはフロントエンド商品でハードルを下げ、客に試してもらって安心してもらってから、本格的に販売するものです。

　前述の「集客と販売の分離」で言うと、集客のための商品がフロントエンド、実際に販売した商品がバックエンドになります。

　重要なことは、フロントエンドからバックエンドへ顧客を導く手順をあらかじめ設計しておくことです。何も考えずにフロントエンド商品を提供してしまうと、「値引き」や「無料」が目的の客ばかり集めてしまうからです。

◘集客と販売の分離◘

集客	顧客にしたい人をどうやって集めるか
販売	集めた人にどうやって販売して顧客にするか

◘集客と販売の分離の事例◘

	集客	販売
食品スーパー	チラシの特売品で集客	来店客を商品陳列や店内POPなどで高利益率の商品に誘導
美容院	街頭やネットで無料お試し券を配布して集客	来店客にお試しサービスの内容に満足してもらい、不安を解消してから本契約を締結
コンサルタントや士業	無料セミナーで集客	セミナー参加者を個別面談に誘導し、面談で個々の顧客の状況に合わせた提案を行う

◘フロントエンド、バックエンド◘

フロントエンド	最初に見込み客に提供する商品・サービス
バックエンド	フロントエンドの提供後に販売する商品・サービス

6-6
補足③　ブランド構築のもう１つの最重要事項「信頼関係構築」

　ブランド構築のための最重要事項は、前述した「価値浸透」の他にもう１つ、「信頼関係構築」があります。ネット通販の普及などで、今後ますます人との信頼関係が差別化の重要な要素になっていきます。そのため、売上アップの手順の中には、「価値浸透」と「信頼関係構築」の双方の実現が必要です。

●ザイアンスの法則

　新規顧客に対し、高い価格で商品を販売し続けるためには、その顧客に価値が浸透していること以外に、顧客との信頼関係が構築されていることが必要です。顧客に信頼されていないと、価値が伝わっても買ってもらえないのです。

　購買に関係する人間の心理で有名なのが「ザイアンスの法則」です。これは「人は知らない人に対しては冷たく攻撃的になる」ということで、顧客に買ってもらうには、商品だけでなく、販売する営業マンのこともきちんと知ってもらうことが重要です。

　そしてもう１つは「人は接触回数が多いほど親しみを感じる」ということです。つまり、定期的に顧客にアプローチするほど、関係性を構築できるのです。

●その他の購買に関係する人間の心理

　その他の人間の心理として、まず「人は相手の人間的な側面を知るほど親しみを感じる」というものがあります。そのため、顧客にプライベートを開示し、人間味を知ってもらうことは効果的です。ただし自慢話は妬みにつながるので逆効果です。

次に「人は好きな人から買いたいと思う」ということです。1人の相手を気にかけて、その人のために対応することで、顧客に好きになってもらうことが、買ってもらうためには必要なのです。

続いて「人は自分のことを気にかけてくれる人を好きになる」のです。そのため、不特定多数への発信ではなく、1対1の対応によって、相手の悩みや問題点を共有し、個々の悩みを解決するためのアプローチが効果的と言えます。

このように、自身の情報を開示して距離感を詰め、定期的に接触して1対1の対応をすることで、常に相手のために考え、行動していることを示して相手に好きになってもらうことにより、相手との信頼関係が生まれ、購入につながるのです。

最後にもう1点、「満面の笑みとコミュニケーションは差別化になる」ということです。なぜなら、笑顔は顧客の不安を取り除いて安心感を与え、一気に距離感を縮めることができるからです。

相手から満面な笑みで話をされると、それだけで「もう一度会いたい」「この人から買いたい」という気持ちにさせることができるのです。

◆購買に関係する人間の心理◆

ザイアンスの法則
- 人は、知らない人に対しては冷たく、攻撃的な態度をとる
- 人は、接触回数が多いほど親しみを感じる

その他
- 人は、相手の人間的な側面を知るほど親しみを感じる
- 人は、自分のことを気にかけてくれる人を好きになる
- 人は、好きな人から買いたいと思う
- 「満面の笑みとコミュニケーション」は差別化になる

第7章

ブランドのマニュアル
「ブランド解説書」の概要

7-1 ブランド解説書の作成手順

● ブランド解説書は、ブランドのマニュアル

　ブランド解説書とは、企業や商品の「価値」を規定するもので、ブランドに関するすべての活動の拠り所となるもの、すなわち「ブランドのマニュアル」です。

　このブランド解説書は、(一財)ブランド・マネージャー認定協会アドバンスコーステキストを参考に、私がブランドコンサルティングと事業再生コンサルティングの現場経験を重ねたうえで、小さな会社がブランディングから売上につなげるために、小さな会社専用に改変したものです。

　自社の価値を高めるには、ブランディング（ターゲット顧客に価値を浸透させていく活動）を行う必要があります。会社や全社員が、ターゲットとなる顧客に対して価値を伝え続けることで、少しずつ浸透していくのです。

　実行にあたっては、まずは社員1人ひとりが、会社の価値について認識しなければなりません。また、同じ商品を販売する代理店などとも共有することが求められます。

　そのためには、まずは会社として、自社のブランドとはどういうものなのかを認識することが必須です。だから、まずはこのブランド解説書を作成して、社員全員が同じ価値を共有する必要があるのです。

　ブランド解説書の作成手順は、後述する「3C分析」を実施して自社の価値を抽出し、ブランド・アイデンティティを構築します。

　具体的には、まずは会社の概要について把握することから始めます。これは会社全体からまんべんなく強みを抽出するためです。

　次に、ターゲット顧客を選定し、ニーズとウォンツを発見します。これは、現在の既存顧客からターゲット顧客を導き出して、ターゲット顧客の

ニーズとウォンツを洗い出すようにします。

　続いて、競合他社を選定し、各々の強み・弱みを明確にします。そしてこれらを踏まえ、会社の強みを見出して見える化します。

　こうして自社・顧客・競合の情報を洗い出した後、自社の強みの中から自社の価値を決定します。その後、ブランド・アイデンティティを構築し、これらの内容を1枚にまとめたブランド解説書を完成させます。

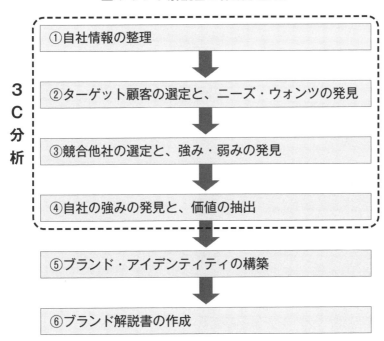

7-2 ターゲット顧客の選定方法

●ターゲット顧客の選定は「絞り込み」が大切

　ターゲット顧客の選定は、できる限り絞り込むことが大切です。絞り込みが大切な理由は、売りたい客が明確になるからです。

　ターゲットを絞り込むと、会社側が自ら対象を狭めて、ターゲット以外の顧客を排除するようで不安に感じる人も多いと思います。

　しかし、ターゲットを絞らずに「みんなに買ってもらう」ことを狙うと、その商品はすべての客から「私向けの商品ではない」と見えてしまいます。

　重要なのは、顧客の立場という「顧客軸」で考えることです。

　人によって問題や悩み、ニーズやウォンツが異なります。ニーズ・ウォンツがまったく異なる人に向けた商品は、誰の問題も解決しませんし、誰の欲求も満たしません。

　ターゲットを絞ることで、それぞれの人の問題やニーズに応えられる商品を提供でき、効果的かつ効率的な営業・販促活動ができるようになるのです。不特定多数のマス向けではなく、ほしいと思ってくれるターゲット顧客を明確にして、その人たちに確実に買ってもらえることを目指します。

●BtoCとBtoBのターゲット顧客

　BtoC（一般消費者向けビジネス）の場合は、性別、年齢層、趣味、生活水準、生活スタイルなど、人物像がイメージできるレベルまで絞り込むとわかりやすくなります。例えば「30代後半の未婚女性。23区内に１人暮らし。仕事を生きがいとする仕事中心の生活で、プライベートは月に数回女性の友人とショッピングやランチを楽しむ」などです。

　一方でBtoB（企業向けビジネス）の場合は、企業の業種、規模、地域などを明確にします。例えば「従業員20名の、都内に本社兼工場のある製

造業」といったイメージです。

● 「メインターゲット」と「サブターゲット」

ただし、実際の現場では、なかなか絞り込むことが難しいという声が多いのが事実です。そこで実務では、メインターゲットとサブターゲットに分ける方法が有効です。

メインターゲットとは、最も重要な、メインとなる顧客層です。一方でサブターゲットは、メインターゲット以外で重要な顧客層であり、「メインの次に重要な顧客」、あるいは「メイン向けにアピールすることで自然と取り込める顧客層」をイメージして設定します。

サブターゲットは、絞り込みすぎず、やや範囲を広げて設定しても問題ありません。

◆ターゲット顧客選定のポイント◆

- ターゲット顧客の選定は「絞り込み」が重要
- 絞り込みが重要な理由は、ターゲットを絞らず万人受けを狙うと、すべての客から「私向けの商品ではない」と見えてしまうから

◆BtoCとBtoBのターゲット顧客◆

B to C（一般消費者向け商品）
　人物像がイメージできるレベルまで絞り込む
　⇒性別、年齢層、好み、生活水準、生活スタイルなど
B to B（企業向け商品）
　企業の業種、規模、地域を明確にする

7-3
顧客の問題点、ニーズ・ウォンツは「使用プロセス」からあぶり出す

●顧客の問題点やニーズ・ウォンツを発見する方法は様々

　顧客のニーズやウォンツの発見方法としては、①社員によるブレスト（ブレーンストーミング）、②顧客からのヒアリング、③顧客からの問い合わせ、④一般消費者からのアンケート、等があり、状況に合わせて使い分けます。

　例えば、新商品開発の場合は、社員によるブレストや、顧客のアンケートや問い合わせなどからヒントを得るのが有効です。

　また、個々の顧客へ新たな提案を行う場合は、日々の営業によって顧客の悩みなどを直接ヒアリングすることで、ニーズを発見します。

　気を付けたいのは一般消費者からのアンケートです。アンケートの結果は表面的でマクロ的な情報を収集できますが、「潜在ニーズの掘り起こし」など、他社と差別化が可能な真のニーズをとらえることは難しいからです。

　競合他社と差別化された、自社の強みを発見するには、顧客の顕在ニーズや潜在ニーズから、真のニーズを導き出すことが重要です。そのためには、顧客が何に悩み、何を必要とするのかを徹底的にあぶり出すことです。

　まずは顧客の抱える問題、具体的には、改善すべき事柄、顧客の悩み・不安・困り事・トラブル・不満・心配事などを、思いつくままに書き出します。そのうえで、書き出した問題を解決する施策を考案するのです。その結果、競合他社と差別化された、顧客の顕在ニーズや潜在ニーズをつかむことができます。

　より丁寧に拾い上げるには、商品やサービスについて、顧客の「使用プロセス」ごとに問題点を抽出する方法が有効です。

　具体的には、顧客が「使用前」「使用中」「使用後」「アフターフォロー」「緊急時」「修理時」の各プロセスで、何に悩み、何を必要とするのかをあ

ぶり出すのです。プロセスで細分化することで、各プロセスに思考を集中することができ、より細かく、より深く強みをあぶり出すことができます。

◘顧客のニーズ・ウォンツ発見の方法◘

| ①社員によるブレスト |
| ②顧客からのヒアリング |
| ③顧客からのアンケート |

◘顧客のニーズ・ウォンツ発見の手法◘

顧客の「使用プロセス」ごとに問題やニーズ・ウォンツを抽出する
〈使用プロセス〉
顧客が「使用前」「使用中」「使用後」「アフターフォロー」「緊急時」「修理時」のそれぞれのプロセスで、どのようなことに悩んだり、ほっしたりするかをあぶり出す

◘顧客のニーズ・ウォンツ発見のその他の手法◘

①顧客の抱える問題（改善すべき事柄、顧客の悩み・不安・困り事・トラブル・不満・心配事など）を、思いつくままに書き出したうえで、その問題を解決する施策を考案する方法
例：対応が遅い、見積りの中身が不明確

②顧客のニーズ、ウォンツを直接聞き出す方法
例：素早く対応してほしい、見積りの中身を表示してほしい

7-4 マーケティングの最重要フレームワーク「3C分析」

●小さな会社のマーケティング分析は「3C分析」だけでいい

「3C分析」とは、Company（自社）、Customer（顧客）、Competitor（競合）の3つの頭文字を取ったもので、マーケティング環境を抜け漏れなく把握するためのフレームワークです。

具体的には、自社の強みと弱み、競合他社の強みと弱み、顧客のニーズ・ウォンツについて、整理して見える化するのです。

世の中には様々なフレームワークが存在しますが、色々なフレームワークを活用する必要はまったくありません。強みを抽出して価値を見出すためには、この3C分析が中心になります。

そしてこの3C分析を徹底して丁寧に実施することが大切です。

●3C分析で「ブルーオーシャン」の領域を発見する

3C分析によって、自社の強みと顧客のニーズが合致している領域が、右図の中の③と④です。

ただし③は「レッドオーシャン（血に染まった赤い海、競争の激しい領域）」と言って、競合他社の強みも合致している領域、すなわち、差別化されていない商品です。

そのため、低価格競争に陥ってしまうので、小さな会社は大企業に勝ち目がありません。そこで小さな会社は、競合他社とは重複しない、つまり差別化された強みと顧客のニーズが合致した④を目指すことが重要です。

この領域は「ブルーオーシャン（穏やかな青い海、競合相手のいない領域）」と呼ばれています。

その他、図①の領域は、競合他社とも顧客ともかぶらない領域で「ひとりよがり」と呼ばれています。②は、自社と競合他社が重複していますが、

顧客のニーズには合致していないので「不毛地帯」と呼ばれています。

◘3C分析◘

自社（Company）	自社の強み、弱み
顧客（Customer）	顧客のニーズ・ウォンツ
競合（competitor）	競合の強み、弱み

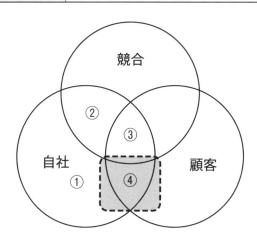

①ひとりよがり	自社の強みが、顧客のニーズ・ウォンツに適合せず、競合も未参入
②不毛地帯	自社と競合が競争を繰り広げるが、顧客のニーズ・ウォンツには適合せず
③レッドオーシャン	自社・競合の強み・顧客のニーズすべて合致する領域。価格競争に陥る
④ブルーオーシャン	自社の強みと顧客のニーズが適合し、競合がいない、自社が差別化できる領域

7-5 「強み」「価値」「ベネフィット」の関係

● 「強み」「価値」「ベネフィット」の定義

ここで「強み」「価値」「ベネフィット」について整理します。

まず「強み」は「優れた点、長所、得意分野」です。

強みをよく「他社より優れている点」「他社にはない独自性」と定義して、強みを抽出する段階で、他社と同じくらい優れている点を最初からはじいてしまうケースがあります。

しかし最初から取捨選択するのは望ましくありません。なぜなら、競合他社も自身の強みを顧客に浸透させているケースは少ないため、吟味する前に取り除いてしまうと、重要な強みを抽出しそこなってしまう可能性があるからです。

そのため最初は、競合他社と重複していても、単純に「優れていると思ったこと」をなるべく多く抽出することがポイントです。

次に「価値」は「強みの中で、自社のブランドを構築するための主要な要素」です。つまり「価値」とは、取り出した「強み」の中で最も顧客のニーズに適合し、顧客に選んでもらえる「理由」になるものなので、簡単に言うと「1番の強み」と言えます。

「ベネフィット」は、企業の強みによって、顧客が得られる利益、便益のことです。

例えば、商品の強みが「吸引力が落ちない掃除機」だとすると、ベネフィットは「使い続けると吸引力が弱まり、掃除の時間や手間がかかって負担が重い、という問題解決」、あるいは「掃除機をかけるのが楽になって、掃除が楽しい」になります。

企業や商品の優れた点、長所、得意分野が「強み」で、その企業側の「強み」によって、顧客が得られる利益が「ベネフィット」、そして、その顧

客の「ベネフィット」が最大になる、さらに他社との差別化ポイントになるものが「価値」になります。

◆強み・価値・ベネフィット◆

強み	優れた点。長所。得意分野
価値	強みの中で、自社のブランドを構築するための主要な要素
ベネフィット	強み（価値）によって、顧客が得られる便益

◆自社の強みと価値・顧客のベネフィットの関係◆

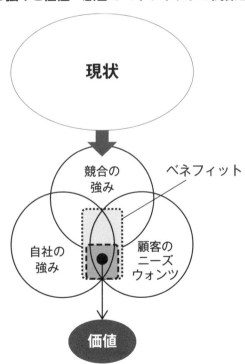

7-6 強み発見方法① 「バリューチェーン」と「4P」を切り口に抽出する

●「バリューチェーン(事業フロー、業務フロー)」と「4P」

　事業フローとは、業務全般に関わる経営・組織の他、仕入・製造・販売・アフターサービスまでの、会社の事業の一連の流れを言います。

　また業務フローとは、特定業務の一連の流れで、例えば精肉業では、「①成形⇒②冷蔵⇒③カット／スライス⇒④パック化／ラベル貼付⇒⑤販売」というプロセスになります。そして事業フローや業務フローを使った分析手法を「バリューチェーン」と言います。

　強みを見出す場合、会社の事業フロー図や業務フロー図を描き、事業や業務をプロセスで細分化して、各プロセスで強みを抽出します。これで各プロセスに思考を集中することができ、より細かく、より深く強みをあぶり出すことができます。

　続いて「4P」とは、製品(Product)、価格(Price)、流通(Place)、販売促進(Promotion)の4つの頭文字を取ったもので、「マーケティングの4P」のことです。4Pのそれぞれについて差別化要因を探り、強みを抽出することが有効です。

●強みは「事業フロー・業務フロー」と「4P」から抽出する

　右表は、事業フローと4Pの各項目で「強み」となりうる内容の一覧を明記したものです。このように、事業内容を「事業フロー」、特に販売に関しては「4P」を切り口にして強みを探っていくと、漏れなく強みを発見できます。

　なお、業務フローは、各業種・各社によって異なるため、ブランディングを行う会社の各々で業務フロー図を作成して、強みを抽出してください。

◆事業フローの強み一覧◆

仕入	経営・組織		製造	技術・開発
・産地 ・素材 ・仕入れルート	・知名度 ・地元密着 ・地元との関係 ・ブレない理念 ・明確なビジョン ・新事業への取組姿勢 ・企業イメージ ・シンボル ・歴史（老舗） ・資格、受賞歴 ・目利き力 ・創造力	・社員の育成 ・名物社員 ・外部連携 ・社員の意識 ・人柄、想い ・品質選びの基準	・施設・設備 ・設計力、技術力 ・こだわり ・スピード ・カスタマイズ力 ・対応の柔軟性 ・製法 ・職人の匠の技 ・伝統的な手法 ・最新の手法 ・開発の背景 ・開発者の思い	・技術力 ・商品開発力 ・開発スピード ・企画力 ・デザイン力 ・ニーズ対応力 ・外部連携 ・試作品に強い ・量産品に強い ・開発の取組姿勢

◆4Pの強み一覧◆

商品	販売		流通	価格
・商品力 　（機能面，情緒面） ・ブランド、競争力 ・独自性、多様性 　（色，サイズ， 　品揃え等） ・パッケージ ・使いやすさ ・品質 ・カスタマイズ ・定番商品 ・土産用商品力 ・中元・歳暮商品力 ・地域の支持 ・文化 ・サービス	・集客力 ・営業・販促力 ・リピートしくみ ・認知度，ブランド ・顧客の数・質 ・時間帯（夜中） ・顧客対応力 ・顧客関係性 ・競合少なさ ・受賞歴 ・SNS発信力 ・メディア露出度 ・人脈 ・個別ニーズの対応力 ・サービス力	・接客 ・競合少ない ・提案力 ・ワンストップ ・トレンド対応 ・代理店の営業力 ・イベント ・ネット販売力 ・保証 ・アクセス容易性	・短納期 ・配送体制 ・販路の数・質 ・立地 ・地域密着 ・店舗の世界観 ・商圏 ・手続き容易 ・購入しやすさ ・セット価格 ・問合せ容易性	・価格競争力 ・価格交渉力 ・値付け柔軟性 ・見積スピード ・フロントエンド ・バックエンド ・お試し価格 ・分割 ・定価 ・割引 ・仕入れ価格 ・支払方法 ・取引条件

7-7 強み発見方法②
「なぜなぜ分析」で真の強みを発見する

●曖昧な強みは掘り下げて具体化する

　会社や商品の強みが曖昧な場合、具体化が必要になります。その手法が、「なぜ？」と掘り下げて絞り込み、真の強みを発見する「なぜなぜ分析」です。

　右図の例で見ていくと、最初に発見した強みが「営業力がある」ですが、これでは漠然としていてなぜ強みと言えるのかがわかりません。顧客のベネフィットが明確になるまで、右図では「地域専属の営業マンによる、個々の顧客の要望に応じたきめ細かい対応力」まで掘り下げるのです。

　また、例えば「製品力がある」という強みでも、それがデザインなのか、機能面なのか、高度な技術力によるものなのかがわかりません。高度な技術力であれば、それが加工技術なのか、磨きや削りなのか、塗装なのかなど、様々考えられます。

　この場合、なぜなぜ分析だけでなく、前述の「事業フロー」について、製造のプロセスをより詳細に分解して、それぞれについて強みがないかを発見する方法もあります。

　その他、飲食店の料理の強みの１つに「味」があります。この場合、なぜ味がいいのか、製法によるものなのか、素材へのこだわりなのかで強みが絞られます。例えば、製法では「三ツ星獲得のプロの料理人の匠の技による料理」などです。そして素材のこだわりの場合は「和牛本来のおいしさが味わえる『Ａ４メス』のみ使用」などになります。

　接客でも、なぜ接客が強みなのか、どのレベルまで接客しているのかを掘り下げます。例えば、満面の笑顔で接する、丁寧に料理の説明をする、入口まで出迎えてくれる、などです。

　このように強みは、「自社のどこが価値と言えるのか」が明確になるまで、

顧客のベネフィットが明確になるまで、徹底的に掘り下げて具体化することが重要です。

◆「なぜなぜ分析」による強み抽出方法 ◆

強みではない（掘り下げ不足）

- 営業力がある

    ↓ なぜ？

- 営業マンが多いから

    ↓ なぜ営業マンが多いと営業力があるの？

- 地域専属の営業マンがいあるから

    ↓ なぜ地域専属の営業マンがいると営業力があるの？

- 顧客の個別の要望に応じたきめ細かい対応ができるから

    ↓ なぜ個別にきめ細かい対応をすると営業力があるの？

ベネフィット

- きめ細かい対応で、顧客は要求が満たされ満足度は向上、企業への信頼度も向上して、顧客は「ここで買いたい」と思うようになり、新規顧客はリピーターになるから
- さらに、満足度が向上した顧客は他人に紹介したくなり、顧客は口コミをしてくれるので、自然と新規顧客が獲得できる

    ↓ つまり

これが強み

地域専属の営業マンによる、個々の顧客の要望に応じたきめ細かい対応力

7-8
強み発見方法③
強みが見つからない時の対処法

● 様々な強みの発見方法

　強みを抽出する際の基本は、自社の中から見出すことですが、様々な手法を活用しても強みが見つからない会社もあります。その場合の強み発見（創出）のテクニックを紹介しましょう。

　1つ目は、商圏内に強力な競合がいる場合は、ターゲットを変えてみることです。例えば、競合のいない地域で勝負する、または、競合が進出していない業種に絞る、などです。

　2つ目は、現行の商品・サービスに別のモノやコトを組み合わせて新たな強みを作る方法です。自社の強みだけでは価値として弱い場合に有効です。例えば、旅館で、宿泊（モノ）と陶芸体験サービス（コト）を付加する方法や、作業服に扇風機を付けて暑さ対策を付加する方法などです。

　3つ目は、現在の強みをさらに伸ばすことです。価値としては不十分ですが、顧客のニーズは高いという場合、強みをさらに磨き上げて伸ばすことで対応します。

　4つ目は、自社で対応していなかった、顧客のニーズに新たに対応していくことです。それらを磨き上げ、強みに育てるのです。

　5つ目は、外部との連携で新たな強みを作ることです。自社の強みだけでは大手に対抗できない場合、小さな会社が集まって連合して、新たな強みを作り出す方法もあります。

　6つ目は、競合の弱みから強みを導き出すことです。競合他社の弱みを抽出して、その弱みが顧客の悩みや問題につながっている場合、その問題を解決する商品やサービスを提供することで、差別化されたオンリーワンの商品・サービスを提供することができます。

　このように、どんな会社でも、強みを見出すことは可能です。「強みが

ない」とあきらめずに、ここで紹介した様々な手法で検討してください。

◘強み発見の方法◘

①**ターゲットを変える**
競合のいない地域で勝負する、異なる業種に絞るなどで、ターゲットを変える

②**新たなモノ・コトを組み合わせて「強み」を作る**
「現在の強み」に「別のモノ・コト」を組み合わせることで強みを創造する

③**現在の「強み」を伸ばす**
強みに到達するには不十分な場合、強みを高める、不十分な内容を改善する等で「強み」を伸ばす

④**顧客のニーズに新たな対応する**
顧客のニーズに対応し、磨き上げることで、新たな「強み」に育てる

⑤**外部との連携で新たな「強み」を作る**
自社の強みが不十分な場合、外部のものと融合して新たな「強み」を作り出す

⑥**競合の弱みを「強み」にする**
競合の弱みを、新たな「強み」に育てる

7-9 「強みの活用」と「問題解決」を混同しない

●「強み活用」と「問題解決」は別々に実施する

　実務でよく間違うケースとして、「強み活用」と「問題解決」を混同してしまうことがあります。具体的には、問題点に対し、原因究明をするのではなく、問題点を回避する方法を検討し、その方向性や施策を強みや価値に設定してしまう、というものです。

　「問題解決」は、あくまで「問題を解決する方法」であって、強みではありません。そのため、「問題解決」が「ブランド」にはなり得ません。

　したがって、「問題解決」を「ブランド構築」に結びつけてはいけません。「問題解決」は、「自社の問題点」を抽出して原因を究明し、改善策を実施して問題を解決する、というアプローチです。

　一方で「強み活用」は、「自社の強み」を抽出して、その強みの中で価値を見出して活用していく、というアプローチです。

　ちなみに、問題を解決することで、それが強みになることはあります。しかし、それは「顧客のニーズに対応できていない」という問題を解決することが前提であり、それ以外の問題解決とは異なります。

　例えば、ある企業の中で、A氏という1人の営業マンのみ成績がよい場合で考えてみましょう。

　A氏は、お客様がほしいと思うものを提供する営業もしますが、お客様自身が気づいていないニーズをヒアリングし、本当に必要なものを提案して勧めるコンサルティング営業を得意としています。

　しかしA氏の高い営業ノウハウは、他の営業マンに共有できていない状況です。

　この場合の強みは「A氏の高い営業ノウハウ」で、問題点は「A氏のノウハウの組織内での未共有」です。

もしこの時、A氏のノウハウ未共有を問題視しすぎて、ブランドを確立するために「プロの営業はいらない。『営業部』と『コンサル部』を分け、徹底した効率営業を進める」という施策を打ち出して、A氏からコンサル業務を取り上げてしまうとどうなるでしょうか。

　この施策は、強みを活かしておらず、逆に強みである「A氏の高い営業ノウハウ」を失ってしまう施策になっています。つまり「強み活用」と「問題解決」を完全に混同してしまっているのです。

　この場合、強みを活かし、問題を解決するには、A氏のノルマを軽減し、そのうえで「A氏のノウハウの体系化」「ノウハウの共有化のしくみづくり」「A氏の通常営業と育成業務の併用の徹底」という方向性を打ち出すことが望ましいと言えます。

　このように、「強みの活用」と「問題解決」を混同してしまうと、取り返しのつかない方向にいってしまうので注意が必要です。

強み・価値 ≠ 自社の抱える問題の解決方法

◆「強み・価値発見」と「問題解決」のアプローチ方法◆

問題解決	強み・価値発見
現状把握 ↓ 問題発見 ↓ 原因究明 ↓ ゴール描写 ↓ 改善策	現状把握 ↓ 強み発見 ↓ 価値抽出 ↓ ゴール描写 ↓ 価値活用策

7-10 競合他社を分析する時のポイント

●競合他社は、1〜3社程度をピックアップする

競合分析とは、競合となる会社をすべて抽出するのではなく、実際に競合となる数社をピックアップして、各々の強みと弱みを明確にする作業です。

自社の「価値」を明確にするためには、顧客のニーズ・ウォンツと合致し、さらに競合他社と差別化されていることがポイントです。そのため、自社の競合他社は誰で、それぞれの強みと弱みは何かを整理することは重要なことと言えます。

ただし、自社の価値が必ずしも競合他社と重複していてはいけないわけではありません。なぜなら、小さな会社は、自社の強みを顧客が把握していない場合が多いからです。競合他社が同じような強みを持っていたとしても、顧客に浸透していなければ、その内容を差別化とすることも可能な場合があります。

競合と重複する内容を価値とする場合は、徹底してその価値を磨き上げ、顧客に対して繰り返し浸透させることです。競合他社の何倍も浸透活動を実施していれば、顧客は、その内容を自社の価値として認識してくれるようになります。

●競合他社の弱みを突く施策も有効

競合他社の弱みを突く施策が有効な場合もあります。自社より弱い企業を狙い、その弱みを突いて顧客を獲得する方法です。1点集中で提案することで高い効果が期待できます。

ただしこの方法は、個別に顧客を攻略するための戦術的な意味合いが強いため、ブランド構築とは別に実施することが望ましいと言えます。

◪ 競合分析の例（コンサル会社）◪

A社大手コンサル会社	強み	・知名度あり、大企業に得意先多い ・業界（外部環境）に詳しい ・人材豊富
	弱み	・コストが高い ・リスク回避の意識高い ・施策レベルの提案まで掘り下げない
B社個人のコンサル	強み	・士業とのネットワーク ・個別の人脈豊富
	弱み	・ヒントや指摘のみで具体策乏しい ・スタイルが講義形式 ・作業は行わない
C社専門コンサル	強み	・専門分野に精通し、業界に詳しい ・報告書作成が得意
	弱み	・経営全体が見られず、経営判断ミスを犯しやすい ・戦略・戦術の提案は苦手

第**8**章

ブランド解説書と
ワークシートの
作成方法と事例

8-1 ブランド解説書の作成手順

●成果物「ブランド解説書」と作業用「ワークシート」

ブランドステートメントのフォーマットは、大きく「ブランド解説書ワークシート（以下「ワークシート」という）」と「ブランド解説書」の2部で構成されています。

ワークシートで自社と他社の強みと弱み、顧客のニーズ・ウォンツをあぶり出す3C分析などを行って、そのうえでブランド解説書を完成させます。

ワークシートは、成果物であるブランド解説書を完成させるための作業シートです。ワークシートを作成する作業はあくまで手段であり、目的は「自社の強みを抽出し、価値を見出すこと」。そのため、きれいに作り込む必要はありません。ブランド解説書が完成形であり、これが自社のブランドに関するマニュアルになります。

●ワークシートの流れ

ワークシートの流れは、まずは経営の基本事項を記入します。事業フロー、業務フローで、会社全般について整理し、その中から強みを抽出します。

続いて、「機会、脅威」の外部環境を整理して、業界などマクロの市場動向を整理します。

次に、会社ターゲット顧客と競合他社を選定し、さらに自社の強みを、4Pの視点から抽出します。

最後に、これらすべての情報を踏まえて、ブランド・アイデンティティを決定して、ブランド解説書を完成させます。

なお、本章では、ブランド解説書とワークシートの各項目について、「精肉・弁当小売店」を事例にして具体的に解説していきます。

◖ブランド解説書　ワークシートの項目◗

1．ブランディングの目的		
2．経営の基本情報	事業概要	事業内容
		取扱い商品
		BtoB／BtoC
	経営の基本事項	経営理念
		ミッション
		ビジョン
		顧客にどう思われたいか
3．フロー図	事業フロー	
	業務フロー	
4．歴史、沿革		
5．機会、脅威		
6．ターゲット顧客	BtoC	
	BtoB	
7．競合他社		
8．3C分析①	顧客の抱える問題	
8．3C分析②	顧客のニーズ・ウォンツ	
8．3C分析③	競合他社の強み、弱み	
8．3C分析④	自社の強み、顧客の利益	
8．3C分析⑤	自社の弱み、顧客の不利益・解決案	

↓

◖ブランド解説書の項目◗

自社	ブランド・アイデンティティ	
	ブランド・アイデンティティの説明（理由・背景）	
	その他の強み、特徴、こだわり	
	強みの根拠（過去の実績、社歴、評判、保有資格、表彰、調査・研究結果等）	
顧客	ターゲット顧客	メインターゲット
		サブターゲット
	顧客のニーズ・ウォンツ	
競合他社		
日常の業務で守ること、気を付けること		
	必ず実施する（守る）こと	
	禁止事項	

2つのフォーマットは本書特典としてダウンロードしてご使用いただけます。（ダウンロード方法は234ページ参照）

※参考：(一財) ブランド・マネージャー認定協会 アドバンスコーステキスト

8-2
ブランディングの目的と経営の基本事項

●ブランディングの目的

　ワークシートの最初は「ブランディングの目的」です。目的を明確にしておかなければ、作業に集中しすぎて「手段の目的化」に陥って本来の目的を見失い、ワークシートを作成することが目的になってしまう可能性があります。

　なお、フレームワークを活用する際に陥りやすいのは、単に項目に従って機械的に言葉を埋める「作業」になり、「思考停止」になることです。

　作業中は常に目的を意識して、会社の現状を整理しながら常に思考をめぐらし、どこに当社の強みがあるのかを探っていくことが重要なのです。

●経営の基本事項

　経営の基本事項とは、「経営理念」「ミッション」「ビジョン」です。

　経営理念とは「経営者が考える、その会社の存在意義、目的意識」であり、「その会社は何のために存在し、そこの社員は何のために働くのか」ということを明文化したものす。

　ミッションとは「会社の使命で、社会や世の中へいかに貢献するか」を表します。

　ビジョンは「会社が目指す将来の姿（ゴール）、全社員が目指すべき定性的目標」を指します。

　これらは定義が異なるものの、実務では線引きして活用されていないのが現状です。ここでは自社の強みの抽出が目的なので、これらすべてを整理して、強み抽出の参考にしてください。

　次ページ下表の最後に「顧客にどう思われたいか」とありますが、これがこの後に作成する「ブランド・アイデンティティ」になります。ただこ

こでは分析して吟味する前に、単純に顧客に思われたいことを明記し、最終的に構築するブランド・アイデンティティとの比較の材料にしてください。

◧ブランディングの目的◨

(例)「認知度向上」「売上・利益向上」「売れ続ける体制構築」

- 価格競争に巻き込まれず、近隣より高いが、お客様に満足して納得して買ってもらうこと
- 「和泉のおいしいお肉屋さん」として、地域住民に愛され、気軽に寄ってもらえるようになること
- 会社の安定した売上・利益を確保し、長期的に経営を安定させること

◧経営の基本情報◨

事業概要	事業内容	精肉 惣菜の卸売・小売店		
	取扱商品	精肉（牛・豚・鶏）、惣菜・弁当	BtoB BtoC	BtoC（小売）、BtoB（卸売）（※ブランディングは小売のBtoCで実施）
経営の基本事項	経営理念	プロが選んだおいしいお肉を、適正価格で販売する		
	ミッション	「おいしいお肉を、家族で、食卓で、気軽に食べられる、和泉市に住んで良かった」と住民に思ってもらえるような店にする		
	ビジョン	地域住民の多くが、「和泉市のおいしいお肉屋さん」と思って、気軽に来店してくれて、気軽に挨拶や会話ができるという、地域に愛されるお肉屋さん		
	顧客にどう思われたいか	おいしい肉や弁当・惣菜を販売するお肉屋さん		

8-3
事業や業務のフローから強みを探る バリューチェーン分析

●「事業フロー」と作成方法

　事業や業務の流れから強みを抽出するバリューチェーン分析について説明します。

　まず事業フローとは、事業全体のプロセスを示したものです。

　具体的には、「どこから何を仕入れて、どこに何を販売しているか」という事業の流れを図に示したものです。この流れ図を示すことで、事業全体をつかむことができます。そして、このフロー図から、強みはないかを探ります。

　例えば、次ページ「牛肉精肉・惣菜店」の事例では、複数の仕入先から購入し、肉の産地やブランドを指名買いすることで、「A4以上のメス牛肉という、高い品質の肉の仕入れを維持している」という強みが抽出できます。また、高級焼肉店へ販売することで、「プロの料理人も認めるほど、肉の品質は高い」という、強みの根拠となる情報を得ることができます。

●「業務フロー」と作成方法

　続いて、業務フローとは、会社の主要業務のプロセスを示したものです。

　この業務フローが重要な業種は、主に製造業とサービス業です。これらの業種は、各プロセスの中に会社の強みが隠れている場合が多いので、プロセスを詳細に分解して、それぞれから強みを抽出することが必要です。

　具体的には、製造業は、製造工程を詳細に分解して整理し、各工程で何が強みなのかを探っていきます。またサービス業は、会社の中の業務フローではなく、顧客の受けるサービスの手順を明記して、各サービスについて、自社の強みを抽出します。

　なお、小売業や卸売業、飲食店などは、これらの業務フローは必要ない

場合が多いです。これらの業種は後述する4Pを切り口に強みを抽出します。

◧事業フローと業務フローの図◨

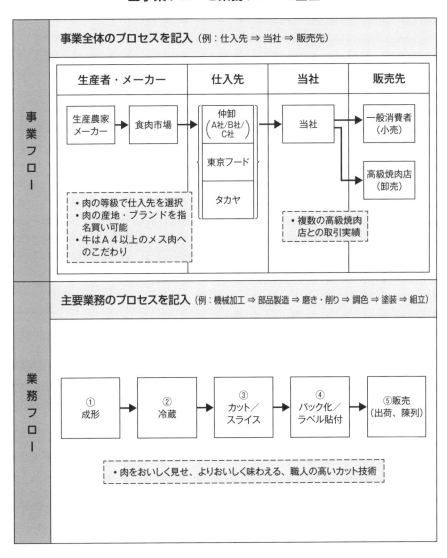

8-4 歴史・沿革や外部要因（機会・脅威）から自社の強みを探す

●歴史・沿革から探るポイント

「歴史、沿革」の項目では、創業から現在までの実績について整理します。

よく会社案内に沿革が明記されていますが、その内容をそのまま記してもあまり意味はありません。そうではなく、過去の歴史の中で強みとなる出来事がないかを探っていくのです。

なお、創業者である社長が、前職の経験を活かして起業したような場合、前職の経験が強みになることがあります。その場合は、会社の沿革の他、創業者の職歴も明記することで、前職で培った社長の強みがそのまま会社の強みとなり、その強みを抽出することができます。

●機会・脅威から探るポイント

続いて「機会、脅威」です。「機会」とは、自社にとってプラスになる外部要因であり、「脅威」は反対に、自社にとってマイナスになる外部要因です。

ちなみに「外部要因」とは、自社でコントロールできない要素を言います。自社でコントロールできるものは、「強み」と「弱み」に該当します。

外部環境は、自社でコントロールできないものはすべて洗い出すのですが、より詳細に機会と脅威を抽出するポイントは「変化」に注目することです。なぜなら、その変化こそが、顧客のニーズ・ウォンツをとらえる機会になるからです。

具体的には、その会社の業界全体の市場で近年変化している内容や、その会社のターゲット顧客のニーズや好みなどがどのように変化しているかについて探るのです。

なお、外部環境は、日頃から見ているテレビやネットのニュースの情報

からピックアップすると入手しやすくなります。

◆歴史・沿革◆

1950年（昭和25年）	狛江太郎が牛肉の問屋業（肉屋向け問屋）として創業
1955年（昭和30年）	「(株)狛江フーズ」に法人なり
1965年（昭和40年）	業務用の販売を開始、これ以降、複数の高級焼肉店に牛肉を納入
1968年（昭和43年）	東京都和泉市の和泉駅から徒歩3分の所に食肉小売店を出店
1985年（昭和60年）	大手スーパー「キョードースーパー」と取引開始、売上が大きく伸びる
2010年（平成22年）	惣菜・弁当の販売を開始。これ以降、顧客が増加
2016年（平成28年）	加工品の販売開始。豚肉の「味噌漬けシリーズ」を販売
2018年（平成30年）	「味噌漬けシリーズ」が、「和泉市お土産100選」に選ばれる

◆機会・脅威◆

機会	・「肉が健康に良い」というマスコミ情報が多く発信 ・全世代で魚離れ、肉ブームで、肉の需要が増加 ・高齢者が毎日肉を食するようになった ・家で調理する人が減少し、惣菜ブーム ・牛肉は豚・鶏と比較して専門店が選ばれるケースが多い ・ネットでおいしい料理のレシピが簡単に入手可能 ・近隣に高級肉を扱う店がない ・近隣は住宅街で、多くの専業主婦がいる	脅威	・和牛・国産牛が高騰 ・駅前に安価な肉を販売するスーパーと肉屋の存在 ・専門店でモノを買わず、スーパーで一括で買い物をする客が増加 ・景気低迷で高価な精肉離れ

8-5 ターゲット顧客、競合他社から自社の強みを探す

●ターゲット顧客から探るポイント

ターゲット顧客の選定は、BtoC（一般消費者向けビジネス）とBtoB（企業向けビジネス）に大きく分かれますが、それぞれ既存顧客の中で、今後最も注力すべき顧客層を導き出すことが有効です。

BtoCの場合は、特定の顧客層がイメージできるところまで絞り込むとわかりやすくなります。

具体的には、性別、年齢層、仕事、趣味、性格、好きなこと・嫌いなことなどです。また「その他」の欄がありますが、ここには、会社の商品・サービスに関連した内容について明記します。例えば、どんな時にニーズ・ウォンツが発生するのか、普段は何を使っているのか、その時何を思うのか、等です。

一方でBtoBについては、あまり絞り込む必要はありません。業種や取扱い商品、商圏、企業規模程度で十分です。

なお、メインターゲット以外に、「サブターゲット」を設定しておくと、ブランド・アイデンティティを構築する際に、絞りすぎによる偏りを調整することができるようになります。

●競合他社から探るポイント

競合他社の選定は、実際に競合となり得る会社を数社ピックアップします。

複数指定することで、自社よりも競争力のある大手企業や、自社と同等レベルの会社、自社より競争力の低い会社など、競合状況をまんべんなく把握することができます。そうすることで、自社がどの市場で勝負するか、つまり何を「価値」として設定してブランド・アイデンティティを構築す

るかが、より明確になります。

◆ターゲット顧客◆

【BtoC】

性別	女性	趣味	食べること、TV（ドラマ）
年齢	40代後半	性格	面倒くさがり
居住地	和泉駅近隣	好きなこと	おいしいもの（特に肉系料理）を食べること
仕事	専業主婦	嫌いなこと	毎日の献立を考えること
年収	ゼロ（夫の年収は700万円）	好きなメディア (TV・本・雑誌・ネット)	韓国ドラマ、お笑い
家族構成	夫、子ども2人 （長男15歳、長女12歳）		
その他	・食べるのが好きで、昼食は家でドラマや情報番組を見ながら、のんびりおいしいものを食べるのが楽しみ ・料理はあまり好きではないため、旦那が出張の時は、夕食を惣菜で済ませることが多い ・出かけるのが好きではないので、近隣においしい店がほしいと思っている			
サブ ターゲット	近隣在住の若い世代から高齢の幅広い層の女性 近隣に勤務のサラリーマン・OL			

【BtoB】

業種	高級焼肉店、トンカツ屋	商圏	和泉市から半径15km内
取扱い商品	精肉（牛肉、豚肉）	企業規模	社員：2～30人、売上：数千万～30億円
その他	・肉にこだわりを持つ、やや高級志向の料理屋		
サブ ターゲット	精肉店（加工品の販売）		

◆競合他社◆

1	和泉駅前の精肉小売店「ひなた肉店」
2	和泉駅前のスーパー「グッドスーパー」
3	大手コンビニ

8-6
3C分析①
顧客の抱える問題(潜在ニーズの発見)

●顧客が感じるマイナスな物事をすべて「見える化」する

ここでは、顧客が抱える問題点をすべて「見える化」する作業を行います。

顧客の抱える問題点とは、例えば、「悩んでいる」「困っている」「不満や不安、不便に思っている」「心配だ」「以前購入して損したと感じた」「嫌だ、嫌いだ」「面白くない」「ストレスを感じている」「イライラ、モヤモヤ」など、顧客がマイナスに感じるすべての物や事です。

顧客のマイナスに感じることが、顧客のニーズやウォンツにつながり、これらに対応することで、差別化された「強み」「価値」につながります。ここでありとあらゆる問題点をあぶり出すことが重要です。

もし現時点で顧客の抱える問題に対応できていなかったとしても、今後対応が可能であれば、これらを新たな強みとして構築することができます。

顧客の問題を発見する方法は、前述のとおり、社員でブレーンストーミング(ブレスト)したり、日々の営業活動の中で顧客からヒアリングしたり、顧客からの問い合わせやクレーム情報を集めたりすることです。

ただし、このワークシートで顧客の問題をあぶり出すには、ブレストで書き出すことが主な方法になります。

●ブレストの切り口は「使用プロセス」

ブレストでより多くの内容を抽出するのに有効なのは、全体をいくつかの項目に分け、各項目であぶり出す方法です。項目に分けて細分化し、絞り込むことで、1つの項目に思考を集中することができるからです。

その項目分けは、顧客の「使用プロセス」を切り口にすることが有効です。具体的には、顧客が「使用前」「使用中」「使用後」「アフターフォロー」

「緊急時」「修理時」などのそれぞれのプロセスで、何に悩み、何を必要とするのかをあぶり出します。

◪3C分析①　顧客の抱える問題◪

ターゲット顧客	メイン	・女性、40歳後半、専業主婦、子ども2人、和泉駅近隣在住	切り口	使用プロセス (例) 使用前→使用中→使用後→アフター→緊急・修理
	サブ	・近隣在住の若い世代から高齢の幅広い層の女性 ・近隣に勤務のサラリーマン・OL	参考	こんな物・事で悩んでいる、困っている、不満、不便、不安、心配、損した、嫌、嫌い、面白くない、ストレスを感じる

スーパーやコンビニの弁当は同じものばかりで飽きた	スーパーやコンビニの肉の弁当は、肉の品質が低いし、肉の量が少ない
スーパーやコンビニの弁当は、牛肉弁当の種類が少ない	デパ地下のような、高級精肉や弁当・惣菜を売る店が近隣にない
小さな肉屋は、肉専門店でも、高級な肉は売っていない	小さな肉屋は、惣菜はいつも同じで新商品が出ない
新商品の紹介や、イベントがないと、日常生活でワクワクしない	炭水化物（糖分）は太るので控えたいけど、食べたい
おいしいものを食べてもすぐ飽きる	焼肉を定期的に食べたいが外食は高い。家で食べるにしても売っている精肉は安く品質が低いため不満
日常生活が平凡で、退屈	周辺の弁当・惣菜は飽きた
家族が帰省した時に料理を何にするか悩む	おいしい焼肉屋は高いので、家で食べたい
1人で焼肉屋に行くのは恥ずかしい	コロッケや餃子など、定番の料理を作るのが面倒
1人用の弁当・惣菜が少ない	料理が面倒
食器を洗うのが面倒	季節のイベントの料理は作るのが大変
焼肉の部位がよくわからないので、いつも同じ部位を食べる	売られている弁当・惣菜は、量が多くて食べきれない
弁当・惣菜の1つの量が多いので、色々選べないのでつまらない	よくカレーを食べるが、おいしい肉の入ったカレーがない
買いに行くのが面倒	焼肉のタレを色々試したい
夕食はガッツリ食べると太ってしまう	日常生活の楽しみは食べることだが、近隣は同じものばかりで楽しめない
ブランド肉は高いから買えない	お歳暮やお中元で、何を贈っていいのかわからず、毎年悩む

8-7
3C分析② 顧客のニーズ・ウォンツ
（顕在ニーズの発見）

●顧客のニーズとウォンツをすべて「見える化」する

　続いて顧客のニーズとウォンツを見える化し、主に顕在ニーズを明らかにする作業を行います。

　顧客の抱えるニーズやウォンツとは、例えば、顧客が「こんな物や事があればうれしい」「これがあれば満足」「こういうことでワクワクする」「これがあると助かる」「こんな物がほしい」「これがあれば便利」など、顧客が必要に感じたり、ほっしたりするすべての物や事です。

　顧客の問題を発見する主な方法もブレストです。

　問題点とニーズ・ウォンツの双方からあぶり出すのは、重複するように感じるかもしれません。しかし、これらの両方からあぶり出すことで、誰も気づいていない潜在ニーズを掘り起こしたりすることにもつながります。

　ちなみに「MECE（ミッシー）」という言葉があります。これは「それぞれが重複することなく、全体として洩れがない」という意味で、「洩れなく、ダブリなく」思考するという、ロジカルシンキングの世界で重要な思考法とされています。

　しかし、漏れるのは問題ですが、ダブるのは問題ありません。なぜなら目的は、自社がこれから勝負する価値を導き出すために「より多くの強みを抽出する」であるため、ダブルことが問題にはならないためです。また、報告書などでも、各項目でわかりやすくするために、重複して表示させることはよくあるのです。

　なお、ブレストの切り口は、問題点と同様に「使用プロセス」です。あぶり出す項目を細分化して絞り込むことで、思考を集中することができ、より詳細に、より深く思考することができるので、より多くの内容を抽出することができます。

◆3C分析② 顧客のニーズ・ウォンツ◆

ターゲット顧客	メイン	・女性、40歳後半、専業主婦、子ども2人、和泉駅近隣在住	切り口	使用プロセス （例）使用前→使用中→使用後→アフター→緊急・修理
	サブ	・近隣在住の若い世代から高齢の幅広い層の女性 ・近隣に勤務のサラリーマン・OL	参考	こんな物・事があればうれしい、楽しい、ワクワクする、助かる、ほしい、便利、満足

近くに手頃でおいしい肉の弁当屋がほしい	夜食べると太るため、昼はガッツリ食べたい
飽きないよう、色々な種類のお弁当がほしい	コンビニやスーパーでは売っていない弁当を気軽に食べたい
日常生活が平凡なため、おいしいモノでワクワクしたい	時々は高級な肉を食べたい
料理はやりたくない、チンするだけで食べたい	気軽に話ができる店員のいる、近隣のお店がほしい
月に2、3回は、家族でおいしい焼肉、すき焼き、しゃぶしゃぶを自宅で食べたい	おいしい牛肉を食べたいが、ブランド牛は高すぎて嫌 高級な和牛を適正価格で食べたい
定期的に、新しい弁当・惣菜があると、飽きないのでうれしい	1日の楽しみの「昼ご飯」でワクワクしたい
焼肉は、適切な部位を自分できちっと選択したい	女性1人でも食べられる「ミニ弁当・惣菜」がほしい
炭水化物（糖分）が少量の弁当がほしい	せっかく肉を食べるので、「おいしい」ものが食べたい
家族が帰省した時、おいしい肉を食べさせたい	季節のイベントの時に、それに応じた料理を食べたい
1人用の弁当と惣菜がたくさんあって、選びたい	保存できる、他で売ってない「加工品」があるとうれしい
部位の名称が、体のどの部分か、どんな味で、どんな料理に合うのか、わかりやすく表示してほしい	牛だけでなく、豚や鶏も、おいしいものが食べたい
よく食べるカレーが、1人用で、その中においしい肉があるとうれしい	コロッケ、餃子、ハンバーグなど、日常的に食べる惣菜で、他にはないおいしいものがあるとうれしい
高級な精肉だけでなく、中レベルの、ちょっとお手頃価格なものもあるとうれしい	焼肉にあうタレや調味料も、こだわりのものがあるとうれしい
友人が来た時に大量に購入できるよう、予約で作り置きしてくれる所があるとうれしい	高齢で外出が難しいため、1人分から宅配してほしい
新商品紹介のチラシがほしい	月に1、2回は、小さなイベントで値引き販売してくれると、お店に行くきっかけになる
電子レンジでチンするだけで食べたい	肉は、色々な部位を楽しみたい
お歳暮やお中元で、おいしいものを送りたい	

8-8
3C分析③
競合他社の強み・弱み

●競合他社の強み、弱みを「見える化」する

　ここでは、競合他社の強みと弱みを見える化する作業を行います。

　ワークシートの7項目目に、複数の競合他社をピックアップしました。この競合他社というのは、業界の大手ではなく、実際に競合する相手です。ここでは、これらの競合他社について分析した結果をあぶり出します。具体的には、各々の競合他社の強みと弱みの見える化です。

　競合他社の強みとは「当社より優れている」「当社ではできない」「当社ではやっていない」などの物事です。

　そして競合他社の弱みとは「当社より劣っている」「当社が実施していて、競合他社が実施していない」「顧客のニーズはあるが、当社の実施有無に関係なく、競合他社が実施していない」「顧客から不満が出ている」などの物事です。

　なお、競合他社分析の切り口は、自社の強みと同様、「4P（製品：Product、価格：Price、流通：Place、販売促進：Promotion」からあぶり出すことが有効です。

●競合他社分析は、わかる範囲であぶり出す

　競合他社の情報については、日常の営業活動で入手することが多いのですが、社長や社員の知り得る情報が限定的な場合があります。

　競合他社分析では、自社や顧客分析と異なり、4Pの切り口で、ブレストであぶり出してもあまり情報は出てきません。

　そのため、現時点で知りえている情報に加え、ホームページなどから得られる情報の範囲で明記してください。自社や顧客情報と比べて情報が少なくなりますが、それで問題ありません。

◆3C分析③　競合他社の強み・弱み◆

切り口		4P（製品、価格、流通・販路、販売促進）	ターゲット顧客	1	和泉駅前の精肉小売店「ひなた肉店」
参考	強み	当社より優れている・当社はできない・やってない物・事		2	和泉駅前のスーパー「グッドスーパー」
	弱み	当社より劣っている・他社がやってない物・事、顧客の不満		3	大手コンビニ

1	対面販売のため、顧客と顔見知りが多く、リピート客が多い	精肉の種類は限定的で、輸入ものが中心、高級肉は少ない
	精肉が安い	精肉は、売れ筋の部位しか販売していない
	惣菜の種類が多く、安い	弁当は販売していない
	駅から近いため、外出（仕事）帰りに購入できる	惣菜の種類は少なく、定番しか販売しておらず、新商品はほとんど出ない
	家族経営で、自宅兼店舗のため、コストが安いと想定される	昔のお肉屋のイメージ、顧客層は高齢者の女性が中心で、若い女性への取り込みは困難
2	精肉、惣菜・弁当、共に種類が多く、安い「安さ」「品揃え」に強みあり	高級な精肉は、売れ筋の部位しか販売していない
	駅から近いため、外出（仕事）帰りに購入できる	弁当・惣菜は、安価な肉を使った定番のみで、固定化しているため、飽きられやすい
	様々な食品が売られているため、肉以外の食品全般やそれ以外の商品をワンストップで購入できる	安売りPOPのみで、スタッフとのコミュニケーションもなく、買い物の楽しみを味わえない
	顧客層は広く、老若男女、年齢層は全世代	駅前のため駐車場がなく、商圏は狭い 和泉駅が最寄り駅の客のみ対象
	週2回の折込チラシを実施、イベント等や安売り訴求の情報発信による顧客集客力は強力	弁当・惣菜は一般消費者向けの定番のみで、「おいしい肉の弁当・惣菜」というニーズへの対応は不十分
3	弁当・惣菜は全般的に品質は高い	焼肉弁当は種類がなく、品質も「肉好き」には不十分で、焼肉弁当に関しては新商品はほとんど出ない
	定期的に弁当・惣菜の新商品が出る	どこで食べても同じで、飽きられやすい
	買い物以外のインフラとして市民に定着	スタッフとのコミュニケーションはなく、POPも少ない。買い物の楽しみを味わえない、手頃感での買い物のみ
	24時間営業で、常に棚に弁当・惣菜が並んでいる	顧客層は、比較的若い世代と年配の男性で、高齢の女性は比較的少ない
	弁当と一緒に購入する品（飲料、お菓子、味噌汁等）が揃っていて、1人で1食食べる分にはワンストップ	精肉は未販売

8-9

3C分析④
自社の強み、顧客のベネフィット

●自社の強み、顧客のベネフィットを「見える化」する

　ここでは、自社の強みと、それに伴う顧客のベネフィットをすべて見える化する作業を行います。

　強みも、顧客のニーズ・ウォンツと同様に、ブレストであぶり出していきます。ワークシート３の「フロー図」で示した事業フロー、業務フローから抽出した強みも、ここで記入します。その他、「4P（製品：Product、価格：Price、流通：Place、販売促進：Promotion）」からもあぶり出していきます。なお、強みをより明確にするために、前述した「なぜなぜ分析」で、強みを絞り込むことが重要です。

　さらに強みを引き出す方法として、前述した「ターゲットを変えてみる」「当社の商品・サービスに、新たなモノ・コトを組み合わせて新たな強みを作る」「未対応の顧客のニーズ・ウォンツや、競合の弱みに対応する」「外部と連携して新たな強みを作る」などの切り口であぶり出すことで、新たな強みが生まれる場合があります。

●より多くの強みを引き出すことに専念する

　ここでは、前項までに作成した「顧客の問題点」「顧客のニーズ・ウォンツ」、そして「競合他社の強み・弱み」を見ながら、できるだけ多くの強みを引き出すことに思考を集中してください。ここで抽出した強みの中から、ブランド・アイデンティティに使う「価値」を決定します。そのため、価値になる候補の強みは、たくさんあったほうがいいのです。

　なお、前述しましたが、ここであぶり出す強みは、競合と強みが重複しても問題ありません。この中から価値を見出す際に取捨選択すればいいので、この段階で絞り込まないようにしてください。

◪3C分析④　自社の強み、顧客のベネフィット◩

切り口	・4P（製品、価格、流通・販路・立地、販売促進） ・事業フロー、業務フロー ・ターゲット変更、組合せ、ニーズ対応、競合弱み対応、外部連携	参考	強み	特徴、こだわり、他より優れている、他にはないオリジナル
			ベネフィット	顧客が受ける便益、恩恵、利益、役立ち、プラス効果

自社の強み	顧客のベネフィット
Ａ４ランクのメス肉にこだわった黒毛和牛の販売	本当においしい肉を知ることができ、肉本来の旨味を味わえる
ブランド肉ではないが、おいしい肉を選ぶことで、ブランド肉と同等レベルのおいしい牛肉を、ブランド価格ではない適正価格で販売	おいしい肉を、ブランド価格ではない、比較的安価で購入できる
肉専門の卸だから、目利き力あり。複数の仕入先と取引しているので、肉の産地、ブランドを指名買いできる	スーパーでは買えない、様々な部位のおいしい肉を味わえる
高級肉を使った、コンビニやスーパーでは売っていない、おいしい肉の弁当の提供	スーパー、コンビニでは買えないため、時々食べる分には良く、飽きがこない
弁当に使うタレにもこだわった、当店秘伝のオリジナルのタレ	弁当が冷めていても、肉本来の味と、タレの旨味で、おいしく食べられる
高級肉を使った様々な総菜の提供	「弁当以外にも一緒に食べたい」というニーズに対応「選ぶ・買う・食べる」のすべての喜びを得られる
高い食肉加工技術を持った技術者による加工。すき焼き・焼肉・しゃぶしゃぶなど、肉本来の味を引き出し、見た目も美しい	高級な肉がより美しく、よりおいしそうに感じられ、よりおいしく食べられる
和泉市で唯一の、高級肉を販売する小売店	「おいしいお肉を食べたい」と思ったら、和泉市内の近隣で手軽に入手できる
精肉と弁当を併用することで、精肉で余った肉を弁当に回せるため、様々な部位を提供できる	より多くの種類の弁当を、適正価格で購入できる
豚肉は、プロの目利き力を持った社長自ら選択し、産地直送の、味の濃い豊潤豚を販売	おいしい豚肉を手軽に購入でき、味わえる
鶏肉は、プロの目利き力を持った社長自ら選択し、産地直送の、低カロリーだが味の濃い銘柄鶏を販売	おいしい鶏肉を手軽に購入でき、味わえる
1950年（昭和25年）創業、歴史があり、近隣の認知度高い	来店しやすい、親しみがある、安心できる
「和泉市お土産100選」に選ばれたオリジナル加工品、「味噌漬けシリーズ」の存在	冷蔵庫に保存して、食べたい時に食べられるお酒のおつまみにできる
複数の高級焼肉店への納入実績	プロの料理人から認められる品質と信頼性で、安心して購入できる
予約があれば、大量の弁当・惣菜を作り置き、精肉を保持	来客や帰省などで大勢をもてなす時に便利
2,000円以上購入の場合は宅配を実施	大量に購入する場合に、店に行く手間が省ける
カルビ弁当やブルコギ弁当などの定番がある	「焼肉弁当と言えばこれ」というイメージを持っていて、飽きないため頻繁に購入できる

8-10

3C分析⑤
自社の弱み、顧客の不利益・解決案

● 自社の弱み、顧客の不利益と解決案を「見える化」する

　ここでは、自社の弱みと、それに伴う顧客の不利益、そしてその解決策の案を見える化する作業を行います。

　マーケティングやブランディングは「強みをどう活かすか」が重要になりますが、ここで弱みとその解決案も、可能な限り明記します。「強みの活用」と「問題解決」とは異なるため混同してはいけませんが、自社の問題を解決することで、顧客のニーズに新たに対応できるようになることで、「強み」の1つになることがあるからです。

　例えば、次ページ「牛肉の惣菜屋」の事例で言えば、上から2つ目の「気軽に顧客とコミュニケーションを取れる店員が不在」とありますが、これは経営方針と店員への教育によって、すぐにその店員が顧客に声掛けできるようになれる内容です。

　また上から4つ目の「弁当が固定化して、新商品を開発していない」という問題については、定期的に開発するようにすれば解決することで、これが強みになります。

　さらにその下の「社長の料理のアイデア出しが限界で、新商品の企画案が出てこない」という問題に対しては、外部環境の「機会」に明記した「ネットでレシピを検索してアイデアを得る」ことで解決し、「定期的に新商品を開発する」ことが実現します。

　これらにより、顧客のニーズである「定期的に新しい弁当・惣菜があると飽きないのでうれしい」に対応でき、これが強みの1つになるのです。

　なお、解決策が強みにならない場合や、解決策が実行できない場合もあります。解決策を導き出せないケースもあるかもしれません。その場合は、「解決案」の欄は空白のままで問題ありません。

◧3C分析⑤　自社の弱み、顧客の不利益・解決案◨

切り口	4P（製品、価格、流通・販路・立地、販売促進）	参考	弱み	問題点、不足・できない・やってない物・事、ニーズ未対応
			不利益	顧客が受ける不利益、損害、マイナス効果、不満足、悩み

自社の弱み		顧客の不利益、解決案
「A4はちょうどいい脂身」「メスはオスより柔らかい」「A4メスが最も本来の肉の味が楽しめる」という情報の伝達が不十分	不利益	顧客が本当の肉のおいしさを知らず、「A5が高級」「赤身がいい」という曖昧な情報で購入する客が多い
	解決案	「A4メス肉が一番おいしい」という情報発信
気軽に顧客とコミュニケーションが取れる店員が不在	不利益	何がおいしいのかの情報が得られないまま購入しなければならない 知識がないので、選ぶ楽しみを得られない
	解決案	POPで情報を説明、スタッフとのコミュニケーション
「家族で家で焼肉パーティ」のイメージ訴求が不十分	不利益	家で焼肉パーティをしたいが、材料を揃えられないためできない 焼肉店は高いので、結局食べたい時に食べられない
	解決案	焼肉パーティ用の食材を予約可能である旨の情報発信
弁当が固定化して、新商品を開発していない→顧客のリピート率低下につながる	不利益	飽きる、行きたいと思わなくなる
	解決案	様々な弁当の新商品を、定期的に開発
社長の料理のアイデア出しが限界で、新商品の企画案が出てこない	不利益	顧客に直接不利益はないが、新商品が出ないと、顧客に飽きられ、リピートしなくなる可能性がある
	解決案	ネットでレシピを検索してアイデアを得る
リピーターが減ってきている、若い女性客が少ない→若い女性向けのメニューがない可能性あり	不利益	来店してもほしいものがない
	解決案	若い女性向けの弁当・惣菜の開発、チラシ等で発信
ミニサイズなど、1人用の弁当・惣菜がない	不利益	量が多くて残してしまうのでもったいない
	解決案	お1人様用、ミニサイズの弁当・惣菜の開発
弁当と一緒に購入する惣菜の種類が少ない→客単価を上げられない、スーパーに顧客が流れる	不利益	弁当以外に1、2品の惣菜がほしいが、買いたいものが少ないため買えない
	解決案	惣菜を増やし、弁当＋αで客単価アップを狙う
季節に応じたイベントを実施していない。季節に応じたイベントで顧客は反応するため、顧客の来店きっかけが作れていない	不利益	季節のイベントの料理はスーパーにしか売っていないが、毎年同じでありきたりのため飽きる
	解決案	来店目的となる、毎月の季節のイベントを実施し、チラシ等で発信
宅配は、2,000円以上購入の客のみ	不利益	外出が負担となるお年寄りの客の、1人用の弁当の宅配のニーズはあるが、対応してもらえない
	解決案	宅配は負担が大きいため、2,000円未満は対応が困難

第8章　ブランド解説書とワークシートの作成方法と事例

8-11

ブランドのマニュアル
「ブランド解説書」

● 自社の欄

　次ページに示したのが、今までワークシートで分析した内容を整理した、ブランドのマニュアルとなる、精肉・弁当小売店の「ブランド解説書」の完成形です。これを使ってインターナルブランディングを実施するのですが、A4用紙1枚で簡潔に整理されているので、自社ブランドを容易に社内に徹底できます。

　最も上段にあるのが「ブランド・アイデンティティ」で、今後のブランディングのベースになるものです。今までワークシートで分析してきた中で、最もベネフィットの大きい強みを価値として、「顧客にどう思われたいか」を20～50文字で文章にします。

　その下が「ブランド・アイデンティティの説明」であり、上記のようなブランド・アイデンティティになった理由や背景を説明する欄です。

■ブランド解説書（全体）■

151ページ

152ページ

　次は「その他の強み、特徴、こだわり」です。ブランド・アイデンティティの補足となる強みや特徴、こだわりを、この欄に整理します。

　続いて「強みの根拠」です。これは、顧客に対して「なぜこのブランド・アイデンティティを実現できるのか」の根拠となる内容を示す欄になります。例えば、「過去の実績」「社歴」「評判」「保有資格」「表彰」「調査・研究結果」などが該当します。

　その下が「日常の業務で守ること、気を付けること」であり、当社のブランドを維持発展させ、毀損させないために、「社内で必ず実施する（守る）こと」と「禁止事項」についてまとめます。

● 顧客、競合他社の欄

その下が「顧客」の欄で、「ターゲット顧客（メインターゲット、サブターゲット）」と、「顧客のニーズ・ウォンツ」を整理します。

最後が「競合他社」で、各競合他社の強みと弱みを整理します。

◘ ブランド解説書（上側）◘

■ブランド・アイデンティティ

※当社が「顧客にどう思われたいか」を表現したもので、これを社員全員が目指すべき「ゴール（ビジョン）」として仕事に取り組む

	和牛本来のおいしさが味わえる「A4メス」の高級黒毛和牛を使った、バラエティ豊かな牛肉弁当を、適正価格で販売する、精肉惣菜店
ブランド・アイデンティティの説明（理由・背景）	・A5は脂身が多く高齢者には不向き、赤身は肉の旨味が少ない。オス肉は固い。「A4メス」の黒毛和牛は、ちょうどいい脂身と適度な柔らかさで、和牛本来の最高級の肉の旨味が味わえる ・ブランド肉は、ブランド価格のため高価だが、ブランド肉でなくてもそれと同等の旨味のある肉を、実績のある複数の仕入先から、プロの目利きで厳選して仕入れているため、適正価格で販売できる
その他の強み、特徴、こだわり	・豚肉は、プロの目利き力を持った社長自ら選択し、産地直送の、味の濃い信州高原豚 ・鶏肉は、プロの目利き力を持った社長自ら選択し、産地直送の、低カロリーで味の濃いみちのく縄文鶏 ・様々な部位のおいしい肉を、適正価格で販売 ・高級肉を使った様々な種類の焼肉弁当を販売 ・弁当に使うタレにもこだわった、当店秘伝のオリジナルのタレで、冷めてもおいしく食べられる ・肉本来の旨味を味わえる、こだわりの自家製惣菜を販売 ・「和泉市お土産100選」に選ばれたオリジナル加工品、「味噌漬けシリーズ」を販売
強みの根拠（過去の実績、社歴、評判、保有資格、表彰、調査・研究結果等）	・牛肉専門卸で、肉の産地、ブランドを指名買いできる複数の仕入先から厳選仕入。複数の高級焼肉店に精肉を納入しており、プロの料理人も認める肉の品質 ・高級焼肉店のプロの料理人からも高評価の、高い食肉加工技術を持った職人スタッフによる加工。すき焼き・焼肉・しゃぶしゃぶなどで、肉本来の味を引き出し、見た目も美しい ・和泉市唯一の高級精肉店、かつ1950年（昭和25年）創業の長い歴史を持つ高級精肉専門卸としての高い信頼

【日常の業務で守ること、気を付けること（ブランドを維持・発展させ、毀損させない約束事）】

必ず実施する（守る）こと	・定期的に弁当や惣菜、加工品の新商品を開発し、販売する ・牛肉に限らず、豚肉・鶏肉についても、肉の品質の高さを維持する ・顧客に対し、目を見て笑顔で挨拶する。顧客への声掛けなどコミュニケーションを大切にする
禁止事項	・牛肉弁当に輸入物の安価で低品質な牛肉を使用する ・低価格弁当の販売や、精肉の大量安売り販売など、「低価格路線」に走る ・市場価格が大きく変動しても販売価格を変えない（市場価格に応じて柔軟に価格を変更する）

◆ブランド解説書（下側）◆

■顧客

ターゲット顧客	メインターゲット	・40歳後半の女性、専業主婦で子ども2人、和泉駅近隣に在住 ・食べるのは好きだが、料理は苦手。旦那が出張の時は、夕食を惣菜で済ませることが多い ・出かけるのが好きではないので、近隣においしい店がほしいと思っている
	サブターゲット	①近隣在住の若い世代から高齢の幅広い層の女性 ②近隣に勤務のサラリーマン・OL
顧客のニーズ・ウォンツ		・料理はやりたくない、チンするだけで食べたい。おいしい牛肉を食べたいが、ブランド牛は高すぎて嫌
		・様々な種類の、おいしい焼肉弁当と惣菜を売っている、手頃な価格の高級焼肉弁当屋が近くにほしい
		・飽きないように、定期的に、新しい弁当・惣菜をリリースしてほしい
		・ガッツリ食べても太らない「昼ご飯」を1日の楽しみとして、ワクワクして食べたい
		・月に2、3回は、家族で、自宅で、おいしい焼肉、すき焼きを食べたい。焼肉は、様々な部位を楽しみたい
		・複数の客や家族のために、大量に弁当・惣菜を予約できるところがほしい
		・お中元やお歳暮、お土産用に、相手に喜ばれる商品がほしい
		・自宅で保存して、酒のつまみや、食べたい時に食べられるように、高級焼肉専門店の加工品がほしい

■競合他社

1	和泉駅前の精肉小売店「ひなた肉店」	強み	顧客と顔見知りが多くリピート客多い、精肉・惣菜が安い、駅から近い
		弱み	高級精肉は少ない、弁当は未販売、惣菜は定番のみ
2	和泉駅前のスーパー「グッドスーパー」	強み	豊富な品揃えと安さ、ワンストップ、男女全世代が顧客、駅から近い、集客力
		弱み	弁当・惣菜は定番のみ、高級肉は未取扱い、店員とのコミュニケーションなし
3	大手コンビニ	強み	弁当・惣菜は高品質、24時間営業、社会インフラ、豊富な品揃え、新商品
		弱み	精肉未販売、定番のみで、どの店舗も同等品、肉弁当の新商品なし

第9章

「ブランド・アプローチマップ」による売上アップの設計

9-1 ブランド・アプローチマップの ポイント

●ブランド・アプローチマップは「売上アップの手順書」

「ブランド・アプローチマップ」とは、売上アップの活動の手順を示したものです。

この手順どおり営業・販促活動を行えば、自然と顧客は増え、ブランドは向上し、売上アップが実現するという「売上アップの手順書」であり、「売上アップの設計書」、あるいは「ブランド確立の手順書」とも言えます。

このブランド・アプローチマップのポイントは、大きく3つあります。

1つ目は「売上アップの4手法の融合」です。売上アップの全体設計と詳細設計を実施するには、営業・販促・マーケティング・ブランディングの4手法のすべてを活用しなければなりません。

2つ目は「売上アップのプロセスの全体設計」です。全体設計とは、自社をまったく知らない顧客を、見込み客・顧客に取り込み、リピーター・ファンに成長させていくという、売上アップ全体のプロセスを工程として分割することです。

そして3つ目は「売上アップの施策の詳細設計」で、各工程で実施する具体的な施策と、活用するツールを決定します。

●売上アップの4手法の実務上の分担

ブランド・アプローチマップを作成する際の、売上アップの4手法の実務上の役割分担について整理します。

まず、「営業」と「販促」は、日常で実施するものです。具体的には、営業は顧客との個別面談であり、販促はツールの発信です。

次に「マーケティング」は、強み・ターゲット顧客を明確化したうえで、このブランド・アプローチマップで手順設計し、売れるしくみを作って実

行することです。

　最後にブランディングは、作成するツールの中に、ブランディングの要素を組み込むことです。

　このように、マーケティングで売上アップを手順化し、ブランドの要素をツールに組み込むことで、手順どおりの日常の営業・販促活動を行うだけで、同時にマーケティングやブランディングを実施していることになります。これが「売上アップの４手法の融合」です。

◘ブランド・アプローチマップのポイント◘

①売上アップの４手法の融合
②売上アップのプロセスの全体設計
全体設計：売上アップのプロセスを各工程に分解
③売上アップの施策の詳細設計
詳細設計：各工程での具体的な施策、必要なツールの決定

◘売上アップの４手法の実務上の分担◘

営業	日常での活動
販促	日常での活動
マーケティング	強み・ターゲット明確化＋手順の設計・実行
ブランディング	ツールの中身へ組み込み

日常の営業・販促を実施することでマーケティング、ブランディングを行う
＝「売上アップの４手法の融合」

9-2

売上アップの工程「顧客ステップ」は顧客の成長プロセス

●「顧客ステップ」は、顧客の成長プロセスで、売上アップの工程

ブランド・アプローチマップで売上アップの全体設計を行う際、まずは売上アップ全体のプロセスをいくつかの工程に分割します。

顧客は、いくつかのステップを経て購入するので、このステップは売上アップの工程で、「顧客ステップ」と呼びます。この顧客ステップは、顧客が、会社や商品をまったく知らない状態から始まり、ステップアップして購入に至るということで、顧客の成長プロセスになります。

そして各顧客ステップで、日々の活動である営業・販促の目的や対応方法が異なるため、それぞれの顧客ステップの顧客の状態に適合した施策を考えなければなりません。つまり、各顧客ステップに応じて、手順の設計を行う必要があります。

●顧客ステップと各ステップの定義

顧客ステップの1つ目は「未認知客」です。これは、自社や自社の商品を知らない顧客のことであり、新規開拓はここから始まります。

2つ目は「そのうち客」です。これは、いつかは必要になるが、今は必要ない、という顧客のことです。未認知客に対して初回面談を行い、今後顧客になる可能性があるかを判別します。そして将来購入の可能性があれば「そのうち客」になり、定期的にアプローチしていきます。

3つ目は「今すぐ客」です。これは、今すぐほしい、今すぐ必要という顧客のことです。そしてここまでが「見込み客」になります。

4つ目は「1回客」で、1回購入してくれた客です。この顧客は、2回目以降購入してくれる可能性が高まりますが、放っておくと他社に流れる可能性もあります。そのため、リピーターに成長させるしくみが必要です。

なお「お試し版」を購入しても1回客になります。

5つ目が「リピーター」で、時々購入するのですが、まだ他社も検討するという客です。リピーターには、価値を提供し、関係性を構築して、当社に対する忠誠心を向上させる必要があります。

そして最後の6つ目が「ファン」です。ファンは、ロイヤリティが高く、会社から何か仕掛けなくても自ら選んで購入してくれるという他社流出の心配がない客のことで、ここが、ブランド・アプローチマップのゴールです。つまり、売上アップの4手法の目標は、個々の顧客をファンに成長させることになります。

◪ 顧客ステップとその定義 ◪

	顧客ステップ	定義
見込み客	未認知客	自社（会社・商品）を知らない客
	そのうち客	いつかは必要になるが、今は必要ない客
	今すぐ客	今すぐ必要、今すぐほしい客
既存客	1回客	1回購入した客
	リピーター	時々購入するが、他社も検討する客
	ファン	ロイヤリティが高く、他社流出の心配がない客

9-3
顧客を、「顧客ステップ」の1段ずつ成長させていく

● 顧客ステップを飛び越えようとするから売れない

　顧客ステップは、未認知客からファンまで6段階あり、日頃の営業・販促活動は、この階段を1ステップずつ上がるように、顧客を無理なく成長させていく活動になります。

　これは、売上アップの4手法が融合され、ブランド・アプローチマップで全体設計と詳細設計を行うから実施できるものです。

　一般的な新規開拓の営業活動では、初回の面談の時に、いきなり売り込みをしてしまいます。つまり、未認知客に対して「購入するかしないか」を迫っているのです。そしてほとんどの場合、「今はいらない」という返事になり、そのまま二度と訪問しなくなるので、成約率が低くなるのです。

　現在の顧客は、初対面の人から即決でモノを購入することはほとんどありません。何か困っていて、その悩みにピンポイントで応える商品であっても、すぐに買うことはためらいます。

　一般的な営業活動は、顧客ステップを飛び越えて対応するからうまくいかないのです。初回面談時の目的は、購入させることではありません。ただ次のステップに上げるだけでいいのです。

　つまり、初回面談の目的は、見込み客になるかを判断し、顧客の属性を入手して、定期アプローチの許可を得るだけなのです。

　一般的な営業は、顧客がどんな状態であっても目的が「売り込み」になってしまい、相手が購入の準備ができていない中で売り込んでしまいます。そして購入しなかったらそれ以降はアプローチせずに放置してしまうからうまくいかないのです。

　なお、各顧客ステップで、目的、具体的施策、使用するツールはすべて異なり、各ステップの目的は色々とあるのですが、すべてのステップに共

通する大きな目的は「次のステップに顧客を成長させる」ことです。

◪ 顧客ステップの段階式顧客育成のイメージ ◪

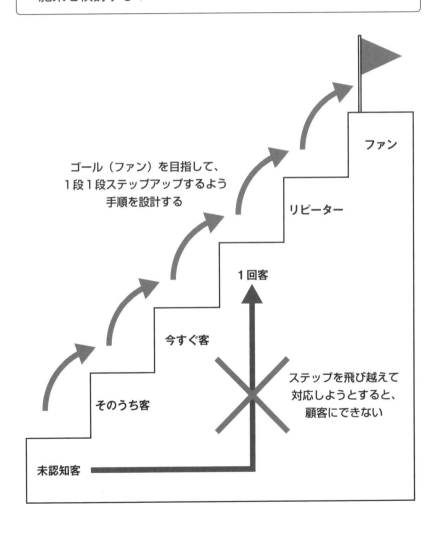

9-4 売上アップ全体のイメージが大切

●全体設計の前に全体のシナリオをイメージする

　売上アップの全体設計は、いきなり実施しようと思っても難しいのが現状です。その理由は、日本の企業には、売上アップ全体の設計を行う部門や人がほとんどいなからです。

　例えば、営業活動は営業部、チラシづくりは企画部と、営業と販促は別々に実施されています。そして営業マンは、目の前の顧客へ売り込むことに集中し、企画部の担当者は、チラシを作ることだけに集中して、全体設計の思考をしていません。

　また、マーケティング部は、顧客調査や分析、その結果の資料づくりに集中しています。またブランドについては、デザイナー部が商品のデザインに集中しています。

　このように、本来統合すべき売上アップの施策が、様々な職種で分担され、そして各々の部門が自身の業務のみに思考が集中しているため、視野が狭くなっているのです。極端な話になりますが、企業活動の目的は売上を上げることであり、それ以外は手段です。

　しかし、その目的意識を持って活動しているのは、販促・マーケティング・ブランディングの機能を欠いた営業マンのみであり、それ以外の部門は、各部門の役割だけに意識が集中し、手段が目的になっているのです。

　次ページのとおり、新規顧客を開拓するための全体のイメージをつかむためのシナリオを明記しました。この内容は、一般的な営業の典型的な形になっています。当然、業種や取扱い商品によって、各企業の売上アップの活動は異なります。

　しかし、全体の流れとなる顧客ステップと、顧客を成長させていくしくみは、どの業界も大きな違いはないので、このベースを理解したうえで、

自社に合う売上アップのシナリオを構築し、全体設計と詳細設計を構築してください。

◪ 新規顧客開拓のシナリオ（参考）◪

1	・ターゲットリストを作成し、ターゲット顧客に対してテレアポをしてアポを取る
2	・初回訪問時、商品紹介の前に「自己紹介ツール」を使って自己紹介をする ・これにより、相手の、初対面の営業マンに対する壁を取り払って「人として安心できる」と思ってもらう ・その結果、顧客は「話を聞く」という姿勢になり、その後のコミュニケーションがスムーズにいく
3	・「1枚提案書」で簡単に自社の価値を伝え、自社商品の内容と価値について理解してもらう ・「1枚提案書」で、見込み客かどうかを判定する。この「1枚提案書」を読んで説明するだけで、見込み客の判別がつく ・具体的には、「1枚提案書」で、相手が「まったく興味がない」、あるいは「当社とは関係ない」、という場合は、見込み客ではない。それ以外はすべて「見込み客」となる ・多くの場合、「興味はあるが、今はいらない」という回答となる。これが「そのうち客」である ・その「そのうち客」に対し、ニュースレター・セールスレターの事例を渡し、定期にこれらを発信する許可を取る
4	・一度訪問し、興味を持った「そのうち客」は、ニュースレターで定期的にアプローチする ・ニュースレターの中に、自社の価値と、関係性構築の内容を入れて、これを定期配信することで、価値浸透という「ブランディング」と、信頼関係構築の活動を実施できるようになる ・これは、営業マンの定期訪問という「営業活動」を、ニュースレター配信という「販促」で実施していることになり、営業マンの多大な負担となって、なかなか実施できない定期訪問を、実施しなくてよくなる ・さらに、セールスレターで、相手が購入したくなる情報を発信することで、「そのうち客」が「今すぐ客」になるよう促す
5	・「ニュースレターで価値が浸透し、信頼関係が構築され、さらにセールスレターで購入を促された「そのうち客」は、自身が購入したいタイミングになると、引き合いの連絡をする ・これが、「そのうち客」から「今すぐ客」に成長したタイミングである ・「今すぐ客」は、「そのうち客」での定期アプローチによって、すでにその会社の価値が浸透し、信頼関係も構築されている ・つまり、他社へ流出する可能性は極めて低い状態となっているため、競合はなく、値引き交渉を受けることも少なくなる ・そして「今すぐ客」と、個別の内容や条件について詰めていく際は、個別対応に注力し、確実に顧客につなげる活動をする ・こうして、「今すぐ客」が、「1回客」に成長する

9-5
ブランド・アプローチマップの
フォーマット

●ブランド・アプローチマップのフォーマットの項目説明

　次ページがブランド・アプローチマップのフォーマットです。項目は、「目的」「施策」「ツール」「頻度」です。以下にそれぞれの項目について説明していきます。

　まずは「目的」ですが、顧客ステップそれぞれの目的を明記します。目的は各顧客ステップで異なるため、各々の顧客ステップでその目的を明確にし、各顧客のステップに応じて、それらを意識しながら日々の営業活動を行うことが大切です。

　なぜなら、これが不明確だと、前述した「未認知客に売り込む」という状況が生まれてしまうからです。

　次に「施策」ですが、これが各顧客ステップで実施する内容であり、具体的なアクションになります。ここに明記する「施策」を、日々の営業・販促活動で、繰り返し実施することになります。

　続いて「ツール」ですが、これは「施策」の時に使用する営業・販促ツールです。そしてこの中にブランディングの要素を組み込み、このツールを使って日々の営業・販促活動を行うことで、同時にブランディングが実施されるようになります。

　そのため、ツールの品質が極めて重要です。ただし、各ツールに明記する「項目（フォーマット）」さえ押さえていれば、ツールを高品質に仕上げることはそれほど難しくはありません。なお本書では、必須のツールのフォーマットと作り方について、次章以降で詳細に説明します。

　最後は「頻度」で、施策をどのくらいの頻度で実施するかを明記するものです。

　これは顧客ステップ単位ではなく、各ステップの施策ごとに決定します。

これを決定することで、日々の営業・販促活動をの具体的な内容をどのくらいの頻度で実施するかというところまで詳細に設計することになります。

このように、このフォーマットに応じて各社・各商品のブランド・アプローチマップを構築することで、営業・販促活動が明確になり、売上アップがルーチン化されます。

この手順どおり実施することで、高品質な営業・販促活動ができるようになり、営業マン全員が一気にプロの営業マンのレベルに到達します。さらにこのルーチンを繰り返すことで、ブランディングが実施され、その結果、自然と顧客が獲得でき、リピーター・ファンに成長していくのです。

こうしてブランド・アプローチマップの作成を通じて、比較的簡単に適切な戦術を構築することができますし、各ツールをしっかり作り込むことで、育成やOJTで悩むことも少なくなります。

◘ブランド・アプローチマップのフォーマット◘

顧客ステップ	目的	施策	ツール	頻度
未認知客				
そのうち客				
今すぐ客				
1回客				
リピーター				
ファン				

9-6 ブランド・アプローチマップの目的とツール

● ブランド・アプローチマップの目的とツール

　ここでは各顧客ステップの主な目的とツールについて説明します。

　なお、各顧客ステップすべてに共通する大きな目的は、次のステップへ顧客を成長させることであり、これが前提となります。それを踏まえ、図表に示したように詳細な目的を設定することで、各顧客ステップで何をすべきかが明確になります。

　まず「未認知客」での施策の主な目的は、「見込み客の判別」と「属性入手」です。その時に必要なツールが「自己紹介ツール」と「自己紹介スクリプト」、および「1枚提案書」です。

　「自己紹介ツール」と「自己紹介スクリプト」は、最初のお客様に、自身をしっかりアピールするツールです。

　「1枚提案書」は、自社の商品の内容と価値について、A4用紙1枚にコンパクトにまとめたものです。この1枚提案書を説明するだけで、見込み客かどうかが判別可能になります（174ページ参照）。

　次に「そのうち客」の主な目的は、「信頼関係構築」「価値浸透」です。ここでしっかりと価値を浸透させ、関係性を構築することが重要ですが、これらはすぐには実現しません。顧客に対し、定期的に繰り返し実施していくことで、信頼され、価値が浸透していくのです。そこで、「ニュースレター」と「セールスレター」を活用し、これらを使って効率的、効果的に実現させていきます。「ニュースレター」と「セールスレター」は、これ以降のすべてのステップの顧客に配信していくものです。

　「今すぐ客」の主な目的は、「個別要求の対応」と「顧客化」です。これは、相手の個別の要求に対応し、確実に顧客化することなので、注力する必要があります。そしてここでは決められたルーチンの施策ではなく、相

手に合わせた対応が必要になります。

「1回客」の主な目的は「信頼関係向上」です。アプローチを続けることで、リピーター化を図ります。

「リピーター」の主な目的は「ロイヤリティ向上」と「口コミによる横展開」です。定期アプローチと個別対応で、顧客満足度を向上させると共に、新たな顧客獲得のための横展開を図ります。

最後に「ファン」の主な目的は「ファンとしての満足度向上」であり、ファンへの特別対応により実現していきます。

◆各顧客ステップの主な目的とツール◆

顧客ステップ	目的	施策	ツール	頻度
未認知客	・見込み客の判別 ・属性入手		・自己紹介ツール ・自己紹介スクリプト ・1枚提案書	
そのうち客	・信頼関係構築 ・価値浸透		・ニュースレター ・セールスレター	
今すぐ客	・個別要求の対応 ・顧客化（受注）			
1回客	信頼関係向上		・ニュースレター ・セールスレター	
リピーター	・ロイヤリティ向上 ・横展開		・ニュースレター ・セールスレター ・紹介ツール	
ファン	ファンとしての満足度向上		・ニュースレター ・セールスレター	

9-7
事例①
一般企業のブランド・アプローチマップ

● 典型的な事例を押さえよう

　次ページは商品を販売する様々な業種の一般企業のブランド・アプローチマップであり、これが典型的な事例です。

　最初の「未認知客」へのアプローチは、営業でいわゆる「新規開拓」です。新規開拓の場合、初回営業の前に「ターゲットリスト」を作成して、新規顧客へ効率的に連絡が取れる準備をします。また、テレアポを実施する際のトークマニュアルである「スクリプト」を作成し、ストレスなくテレアポを実施し、アポ獲得の比率を向上させます。

　なお、「属性入手」ですが、法人客の場合は名刺交換で簡単に入手できるのですが、一般消費者の場合はなかなか難しいのが現状です。そこで、ニュースレターとセールスレターのサンプルを渡して、定期送付することの楽しさと有効性を説明し、定期訪問のみに活用することを伝えたうえで、記入用紙に記入してもらうようにします。

　ニュースレターとセールスレターで定期アプローチを行うのですが、「そのうち客」に対してのセールスレターは、「見込み客」に引き上げる効果があります。商品の案内による販売促進の他、セミナー開催の案内を掲載することで、来店を促す効果もあります。

　また、これらのレターは既存客に対しても送付し、定期購入してもらう必要があります。そのため既存客に対しても、ニュースレターとセールスレターの双方を送付します。

　その他、1回客、リピーターの既存客に対しては、最終目標である「ファン」にまで成長してもらう必要があります。その場合、顧客満足度を向上させる必要があるのですが、その場合に重要なことは、個別に対応をすることです。なぜなら人は、自分のことをしっかり気にかけてくれる人が

好きで、その人から買いたいと考えるからです。

◆事例①：一般企業◆

顧客ステップ	目的	施策	ツール	頻度
未認知客	・見込み客の判別 ・属性入手	訪問アポ	・ターゲットリスト ・スクリプト	随時
		①初面談者に自己紹介	・自己紹介ツール ・自己紹介スクリプト	随時
		②1枚提案書説明	1枚提案書	
		③属性入手		
		④定期アプローチ		
そのうち客	・信頼関係構築 ・価値浸透	①NL／SL送付 ※SLでセミナー・イベント開催の案内	NL／SL	月1回
		②定期訪問		顧客別に決定
		③セミナー・イベント		3か月に1回
今すぐ客	・個別要求の対応 ・顧客化（受注）	・個別面談 ・個別の要求への対応		随時
		・提案書、見積書提示	提案書、見積書	
1回客	信頼関係向上	①NL／SL送付	NL／SL	月1回
		②個別要求への対応		随時
リピーター	・忠誠心向上 ・横展開	①NL／SL送付	NL／SL	月1回
		②定期訪問による個別対応		3か月に1回
		③紹介による横展開	紹介ツール	随時
ファン	ファンとしての満足度向上	①NL／SL送付	NL／SL	月1回
		②特別サービス案内、新商品提案		3か月に1回

NL：ニュースレター、SL：セールスレター

9-8

事例②
士業のブランド・アプローチマップ

●専門業は「そのうち客」を増やす活動が重要

　次に、税理士や会計士、社会保険労務士、中小企業診断士など、いわゆる「士業」や、コンサルティングファームといった専門的なサービスを提供する会社のブランド・アプローチマップの事例を紹介します。

　まずはSNSやDMで無料セミナー開催を呼びかけます。無料にすることで顧客のハードルは下がり、より多くの顧客を呼び込むことができます。

　一方で、最初からある程度高い料金を設定して、可能性の高い顧客に絞って呼び込む方法もあるので、状況に合わせて決定してください。

　セミナー参加者は、少しでも興味があるから集まったので、「そのうち客」です。その「そのうち客」に対し、セミナー内で価値を伝え、アンケートで「個別面談」を募ります。この「個別面談」の中で相手の個別要求に対応し、契約締結に結び付ける「営業」を行って「1回客」へ発展させるよう促します。

　なお、初回の契約は、相手の抱える特定の問題に対して、個別に対応する契約のため、半年など期間限定で契約します。そのコンサルティングの中で価値を提供し、さらに顧客との信頼関係を向上させて、その後「顧問契約」という長期契約に発展させていきます。

　一方で、セミナーで個別面談を希望しない参加者については、定期的にニュースレターやセールスレターやSNSの配信を行い、別の機会にセミナーを実施して集客し、アンケートで個別面談に持ち込むようにします。

　この活動を繰り返すことで、セミナーに案内を出す「そのうち客」の数が増えていきます。そして「そのうち客」から、一定の割合でセミナー参加者が集まり、そのセミナー参加者の一定の割合が個別面談に進みます。そのため、セミナーを繰り返して「そのうち客」を増やす活動が重要にな

ります。

◘事例②：士業◘

顧客ステップ	目的	施策	ツール	頻度
未認知客	セミナー集客	無料セミナー案内を、SNSおよびDMで発信	・SNS、DM ・セミナー案内	定期開催
そのうち客	価値伝達	セミナー開催	セミナー資料	
		セミナー最後にアンケート実施、その中で個別面談募集	アンケート	
	・信頼関係構築 ・価値浸透	【個別面談を希望しない者】以下による定期アプローチを実施して、個別面談に持ち込む		
		NL／SL送付	NL／SL	月1回
		SNS（FB・メルマガ）	SNS	1週間に1回
		セミナー開催案内	セミナー案内	3か月に1回
今すぐ客	顧客化	【個別面談希望者】		
		個別面談の実施、個別要求への対応		
		提案書、見積書提示	提案書、見積書	
1回客	・価値提供 ・信頼関係促進 ・顧問契約（長期契約）締結	期間限定コンサルティング		定期訪問
		提案書、見積書提示	提案書、見積書	
リピーター	関係性維持	顧問		

NL：ニュースレター、SL：セールスレター

9-9

事例③
個人小売店のブランド・アプローチマップ

● 店舗経営の場合は工程分割を工夫する

　続いて、ブランド解説書で事例として取り上げた、精肉・弁当小売店のブランド・アプローチマップの事例をご紹介します。

　小売店は、今まで紹介してきた会社と異なり、客に店舗に来てもらって購入してもらうので、日常の活動に「営業」はなく、「販促」が中心となります。

　そのため、実際の顧客の成長プロセスは前述の顧客ステップと変わりませんが、その顧客ステップで工程を分割することが難しくなります。

　したがって、分割する工程は「顧客ステップ」ではなく「顧客の種類」で行い、「通行人」「近隣住民」「来店客」「購入客」に分けて、その目的と施策、ツール、頻度を明確にしていきます。

　まずは店舗前を通る「通行人」を店舗へ誘導するには、「店頭ボード」が有効です。

　通行人は時間帯で異なり、ニーズも異なります。例えば、朝は通勤客の男性中心で、ニーズは朝食です。昼は買い物客で比較的年配の女性で、ニーズは昼食です。夜は帰宅客で、通勤客と同様に男性中心で、ニーズは夕食です。これらのニーズに合わせた品揃えを行ったうえで、通行人に店頭ボードで伝えます。

　「近隣住民」にはポスティングを行います。事例では小さい店舗を想定しているため、あまりコストをかけられません。したがいまして、年4回、季節の食材に合わせたお弁当を紹介するポスティングを行います。ポスティングチラシには、売り込むための商品紹介以外に、しっかりと価値が伝わる内容を追記し、ブランディングを行うことが大切です。

　「来店客」ですが、スタッフによる声掛けなどは、大きな店舗でなけれ

ば難しいのが現状です。そのため、徹底してPOPを活用します。POPは商品の紹介以外に、自社のこだわり、店長の感想、レシピなど、イラストも踏まえて明記すると、顧客は買い物を楽しむことができます。

こうしてモノを買ってくれた購入客に対しては、ニュースレターとセールスレターを手渡します。来店客に渡すことで、配布のコストを削減できます。このニュースレターでしっかりと価値浸透と関係性構築を図り、セールスレターでリピートを促進するのです。

◆事例③：精肉・弁当小売店◆

顧客の種類	目的	施策	ツール	頻度
通行人	・店舗前の通行人を店舗へ誘導	店頭ボード	店頭ボード	朝・昼・夜
近隣住民	・価値浸透 ・近隣住民の来店促進	ポスティング	ポスティングチラシ	年4回
来店客	・価値浸透 ・購入の促進 ・購入点数を増加	POP	POP	必要に応じて更新
購入客	・価値浸透 ・再来店の促進	NL／SL	NL／SL	月1回
		ポイントカード	ポイントカード	来店ごと

NL：ニュースレター、SL：セールスレター

第10章

「1枚提案書」で
誰でもプロの営業マン

10-1
様々な状況で使用できる万能チラシ「1枚提案書」

●営業初心者さえも即座にプロへと変身させる「1枚提案書」

　営業・販促の必須アイテム「1枚提案書」の作り方について説明します。
　1枚提案書とは、A4用紙1枚で自社の価値を端的に表現したツールです。この1枚を読むだけで納得して買ってもらうことが目的であり、作成した「ブランド解説書」で見出した商品の価値や強みを、顧客に伝わりやすいように整理したものです。
　そして営業初心者でも、1枚提案書を読むだけで「プロの営業トーク」ができるようになります。
　また、顧客に的確に自社商品の価値が伝わるため、見込み客かどうかの判断もできます。具体的には、未認知客への初回面談時に1枚提案書の内容を説明して、顧客がまったく興味を示さなければ、その客は見込み客ではないと判断でき、その後のフォローは必要ありません。営業の世界では、よく「見込み客かどうかの判別が難しい」と言われますが、この1枚提案書があれば、営業初心者でも簡単に判断できるようになります。
　1枚提案書の構造は、商品を知らない顧客が、購入に至るまでの一連の心理状態を、その変化に合わせて、プロセスどおりに配置したものです。
　具体的には、その商品を知らない未認知客が、チラシに注目して興味を持ち、共感して期待し、納得して、さらに不安も解消して、購入を決断して行動する、というプロセスです。
　お客様に注目してもらってから購入までのプロセスを、無理なく誘導できるので、営業マンが詳細な説明をしなくても、読むだけでその価値が伝わり、購入したくなる構造になっています。
　1枚提案書は営業だけでなく様々な販促ツールで活用していただけます。
　例えば、ネットのランディングページ、動画、ポスター、看板なども、

これらのプロセスどおりの構成で作成すれば、誰でもプロ級のコンテンツが作成できます。そのため１枚提案書は「万能チラシ」と言えるのです。

◆１枚提案書の特徴◆

- 自社の価値を、Ａ４用紙１枚で表現したツール
- 商品を知らない、買うつもりがない顧客に、チラシを見てから購入するまで、感情の変化を無理なく移行させる構造
- １枚提案書を読むだけで商品の価値が明確に伝わるため、初回面談時に、短時間で的確に自社の価値を伝えることができる
- １枚提案書を読むだけで、営業初心者でも「プロの営業トーク」ができる
- １枚提案書の反応で、見込み客かどうかを判断できる
- 様々な場面で活用できる「万能チラシ」で、「営業ツール」だけでなく、ネットの「ランディングページ」「動画」「ポスター」「看板」などにも有効

◆１枚提案書モデルのプロセス◆

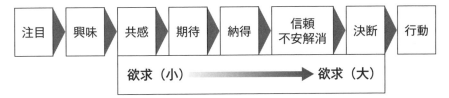

10-2

1枚提案書は、顧客の購買までの心理変化を体系化したもの

●顧客の心理変化を飛び越すと、顧客は流出する

　1枚提案書は、その商品をまったく知らない顧客を、A4用紙1枚だけで、購入に導くものなので、極めて緻密に設計されたものです。

　「緻密」というのは、購入までの心理変化を丁寧に洗い出して細分化し、顧客が購入までに1つひとつストレスなく近づけられるようにしたということです。この心理変化を飛び越えてしまうと、その時点で顧客が流出してしまう可能性が出てきてしまいます。

　かつてモノが少なく情報も乏しい時代は、「訪問販売」などでいきなり商品を紹介しても、購入する顧客はいました。しかしモノや情報が溢れ、ある程度満たされた世の中で、その会社や商品を知らない人にいきなり「買ってください」と言っても、ほとんど購入してもらえません。

　そのため、しっかり価値を伝えたうえで、その価値が、顧客にどのように有効なのかを明らかにしながら、購入へ導く必要があるのです。

●TVショッピングとは似ているようで異なる

　「思わず買いたくなる」という代表的なものが「TVショッピング」です。TVショッピングも、顧客が買いたくなるよう、緻密に設計されています。

　しかし、この1枚提案書と異なる点があります。

　1つは、TVショッピングは映像のため、使用状況など様々な情報を伝えることができます。さらに視聴者は、これら多くの情報を「目」で見るだけでなく「耳」で聞くことも可能です。

　一方で1枚提案書は、1枚の紙だけです。顧客はページをめくるだけでもストレスを感じてしまい、枚数を増やすのはマイナス効果になるので、1枚におさめることがポイントです。

さらにもう1つ、TVショッピングの視聴者は、すでに「何かほしい物があれば買いたい」という姿勢で見ています。例えると、買う目的で店にすでに入っている状況で、その中で何を買うか見回っている状況なのです。一方で1枚提案書は、もともと購入の意思がなく、さらに商品についても知らない顧客が対象です。

　つまり、ただ店舗の前を通りかかった通行人の状況なのです。そのため、紙媒体のツールはTVショッピング以上に、緻密に作成していくことが求められるのです。

◪ 顧客の購買までの心理変化 ◪

顧客が無理なく「行動（ゴール）」に到達するために、
1段1段ステップアップするよう設計

未認知 → 注目 → 興味 → 共感 → 期待 → 納得 → 信頼 不安解消 → 決断 → 行動

段を飛び越えようとすると、顧客は離れてしまう！

10-3 「AIDMAモデル」と「1枚提案書モデル」

●消費者の心理的プロセスの主流「AIDMA」

　広告宣伝に対する消費者の心理的なプロセスとして有名なのが「AIDMA（アイドマ）」です。

　これは、「Attention（注目）→Interest（関心）→Desire（欲求）→Memory（記憶）→Action（行動）」の頭文字を取ったものです。

　つまり、消費者はまず、その製品の存在を知り（注目）、興味を持ち（Interest）、ほしいと思うようになり（Desire）、その商品を記憶して（Memory）、最終的に購入に至る（Action）という購買プロセスを経る、というものです。

　AIDMA以外にも、「AIDA（アイダ）」「AIDCA（アイドカ）」など、いくつかモデルはありますが、日本ではAIDMAが主流となっています。

●未認知客を短時間で購買行動に導くには、より緻密な設計が必要

　次ページで「AIDMAモデル」と「1枚提案書モデル」を比較しました。それぞれが異なる内容は、大きく2つあります。

　1つは、1枚提案書モデルには「共感」があることです。

　人は心理的に、「共感」すると「一体感」が得られ、さらに仲間意識が芽生えて好意的になる傾向があります。

　つまり、短時間で購入に導くには、瞬時に心理的距離を縮めることが重要であるため、「共感」は極めて大事なステップになります。

　そしてもう1つは、「欲求」から「購入」に至るまでのプロセスです。

　即購入を前提としない「AIDMAモデル」では「記憶」が必要ですが、1枚提案書モデルでは、即購入を前提としています。

　そして人は、欲求を感じただけでは即購買行動には移らず、その間には

様々なハードルがあります。具体的には、興味を持つことで欲求が芽生え、共感し、納得し、その製品や会社に対して信頼し、不安が解消される過程の中で欲求が増大していき、そのうえで購入を決断し、ようやく購買行動に移るのです。

短時間で購入に導くには、1枚提案書の中で、欲求が増大していく「しくみ」を構築することが重要なのです。

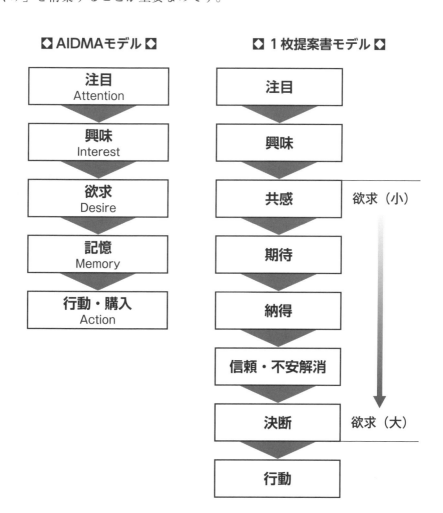

10-4
すぐに興味を持ってもらう「キャッチフレーズ」

●即座にゴールイメージが描けるキャッチフレーズ

　1枚提案書は、読むだけで購買につなげることが目的なので、まずチラシに興味を持ってもらい、内容に引き込むことが重要です。

　しかし、モノが溢れているこの時代に、人は簡単に興味を持ってくれません。そこで活用するのが、パッと目にするだけでゴールイメージを描いてもらうための「キャッチフレーズ」です。

　人は「ゴールイメージが描けたら動く」と言われます。

　例えば、自身が抱えている問題が解決した時のイメージや、ほしいと思ったものを手に入れた時にうれしくなるイメージ、また、それを使っている時のワクワク感のイメージなどです。実際のところ、それだけで即購入してくれる人は限られますが、それでも興味を持ってもらうことはできます。

　そして、即座にゴールイメージが描けるキャッチフレーズの構成が、「価値（強み）＋ベネフィット（便益）」です。

　つまり、商品・サービスの価値（強み）と、それによって顧客が得られるベネフィットを伝えることで、読み手は、自分の悩みを解決したイメージや、欲求を満足した時のイメージを持ってくれます。

　そして1枚提案書では、興味を持ってもらった人に確実に購入へ導くために、1つひとつステップアップさせる構成になっているのです。

　例えば、ゴールイメージを描かせて購入に導いているのが、アパレル店舗のスタッフです。

　店舗スタッフは顧客に、ほしい服を着ていきたい状況をイメージしてもらうために、どの場所で、誰と、どのような状況でその服を着るのかを確認し、それにピッタリの服などをコーディネートして提案します。

その結果、顧客は、着ていきたい時と場所で、その服を着ているイメージを描き、ワクワクして購入するのです。

10-5 1枚提案書のフォーマットとプロセス

● チラシを見る時の人の目の動きを意識する

　フォーマットの詳細は事項で説明します。なお、チラシを見る時の人の目の動きは「上から下」「左から右」であり、その流れでプロセスを組み立てることが大切です。

◆ 1枚提案書の項目とプロセス、消費者の行動・心理変化 ◆

No	項目	プロセス	消費者の行動・心理変化
①	ターゲット顧客	①注目	・「自分のこと」と気づく
②	キャッチフレーズ	②興味	・興味を持つ
③	顧客の悩み	③共感	・「あるある」「そうそう」と共感する
④	「解決」のフレーズ	④期待	・「日頃の悩みが解決する！」と期待する
⑤	特徴1～3	⑤納得	・「④期待」したことについて、納得する
⑥	信頼の根拠	⑥信頼・不安解消	・会社、商品について信頼感を持つ ・「初めて」に対する不安が解消され、安心して購入できる心理状態になる
⑦	オファー	⑦決断	・「今行動すると得する」と考える ・「行動しよう」と決断する
⑧	連絡先	⑧行動	・購入行動をする

◆ 1枚提案書のフォーマット ◆

① ターゲット顧客

② キャッチフレーズ

③ こんなことでお悩みではありませんか？
| 問題点① | 問題点② | 問題点③ |

④ 「問題を解決する」旨のセリフ

⑤ 特徴1

特徴2

特徴3

⑥ 信頼の根拠①

信頼の根拠②

⑦ オファー

⑧ 連絡先

会社情報

入口・内部写真

地図

10-6
1枚提案書の項目説明

●各項目のポイントを押さえる

1枚提案書の項目について説明します。各項目に重要なポイントを明記しているので、しっかりと押さえて活用してください。

項目	プロセス	説明
ターゲット顧客	①注目	・1枚提案書を読んでもらうには、まずはターゲット顧客にチラシに注目してもらう必要があります。そのため、ターゲット顧客を明記します ・ターゲット顧客には最低2つ以上の要素を入れます。要素が1つだとターゲットに届かないためです。例えば要素が1つだと「女性」、2つだと「50代以上の女性」、3つだと「50代以上の、腰痛でお悩みの女性」となり、要素が増えるほど、ターゲットが明確になり、顧客の反応も高まります
キャッチフレーズ	②興味	・いわゆる「アイキャッチ」と呼ばれる、人の注意を引きつけるものです ・キャッチフレーズの作り方は様々ありますが、ポイントは読者が商品を購入することで得られる「ゴール」をイメージさせることです。そのための基本形として「価値（強み）＋ベネフィット」の構成にすると、間違いないキャッチフレーズが作成できます
顧客の悩み	③共感	・ターゲットとなる顧客は、皆同じ悩みを持つ場合が多いので、その共通する悩みを3つ（多くて4つ）明記し、「そうそう！わかるー！」と共感してもらいます ・共感すると、ヒトは親近感を持つため、共感によって、よりチラシに引き込まれるようになります ・なお、この項目は、「悩み（問題）」ではなく「欲求、願望」でも大丈夫です。要は共感してもらうことが重要だからです

項目	プロセス	説明
「解決」のフレーズ	④期待	・「悩みが解決する」旨のフレーズを明記します ・これにより、「いつも悩んでいたことが解決するんだ！」と、読み手は大いに期待し、この先を意欲的に読むようになります
特徴1～3	⑤納得	・前項目までで、悩みが解決することに期待しながら、実際は半信半疑だったところが、特徴を3つ示すことによって納得し、より商品への欲求が高まっていきます ・なお、人は説得材料が多いほど納得感が得られる性質を持っており、より多くの特徴を示すことで説得力が増すため、最低3点は必要です
信頼の根拠	⑥信頼 不安解消	・人は初めての商品には不安を感じ、購入を躊躇することが多くあります ・そこで、会社や商品が信頼できる根拠を1～2点示し、会社や商品への信頼度を向上させることで、不安を解消させます ・具体的な内容は「過去の実績」「歴史」「評判・実績」「高い技術力」「資格」「信頼性のあるデータ（信頼ある機関による調査結果・研究結果）」などです
オファー	⑦決断	・「オファー」とは、マーケティング用語で「特典」を意味します。例えば「今買うと〇円（〇％）値引き」「今買うと〇〇をプレゼント」などです ・オファーは、購入を決断するための最後の一押しであり、営業の「最後の一押し（クロージング）」のような役目があります ・なおオファーは、この1枚提案書をネットなどで「販促ツール」として使用する場合は必要ですが、「営業ツール」として、営業マンが面談して説明するために使う場合は不要です
連絡先	⑧行動	・購入行動を起こすための手段です ・電話してほしい場合は電話番号、ネットにアクセスしてほしい場合はネットのアドレスを明記します ・なお、電話番号やアドレスなどは、大きい文字で示すことがポイントです。小さい文字だと見つけにくく、探すだけでストレスになり、その時点で顧客は購入を断念する可能性があるからです

10-7

事例①
コーティング剤の1枚提案書

● 典型的な1枚提案書

次ページは、光触媒をつかったコーティング剤の1枚提案書の事例です。

◘ 1枚提案書の事例と、消費者心理 ◘

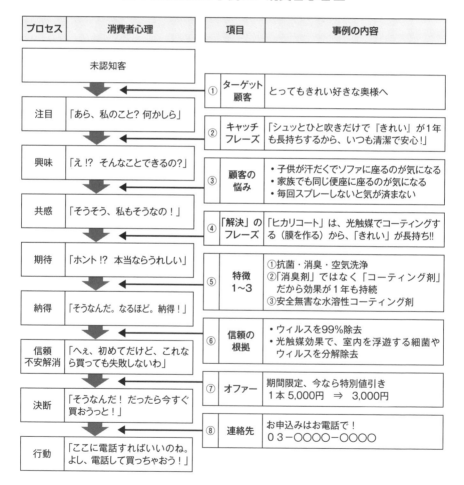

10-8

事例②
コンサルタント塾の1枚提案書

●両面を活用した1枚提案書

経営コンサルタント養成塾の1枚提案書です。

①ターゲット顧客、②キャッチフレーズ、③顧客の悩み
④「解決」のフレーズ、⑤特徴1～3、⑥信頼の根拠

これは、表面だけでなく裏面も活用しているタイプです。このように状況に応じて調整することも可能です。

　基本的には、紹介した8つの項目を表面にして、裏面には、「事例」「顧客の声」「他商品紹介」「店舗紹介」「スタッフ紹介」などに充てるとよいでしょう。

⑦オファー、⑧連絡先

第11章

捨てられない
「ニュースレター」
「セールスレター」を作る

11-1
ニュースレターとセールスレターで接触回数を増やす

●ニュースレターとは

　6章104ページ「ザイアンスの法則」の説明で触れたように、人は「接触回数が多いほど親しみを感じる」という性質があります。そこで活用したいのが、定期配信ツール「ニュースレター」と「セールスレター」です。

　ニュースレターは、顧客に定期的に配信するための販促ツールです。とはいえ、会社（社長）から顧客へ送付する「手紙」のイメージなので、ニュースレターで売り込みをするのは基本的にはNGです。

　ニュースレターの主な目的は、セールスではなく「価値浸透」と「信頼関係構築」になります。顧客に購入してもらい、リピーターやファンになってもらうには、この「価値浸透」と「信頼関係構築」の2つが必須条件であり、ニュースレターを使って、定期的にこれらを高めていくのです。そのため、ニュースレターはブランディング上、重要なツールと言えます。

　なお、見込み客や既存客には、営業として定期訪問が重要ですが、営業マンは多忙なため、なかなか実現できないのが現状です。そのためニュースレターは、定期訪問の代用としての効果もあります。

●セールスレターとは

　セールスレターは、販売や来店促進のために配信するツールです。ニュースレターと異なり、顧客に対して「売り込む」ことが目的です。

　セールスレターの目的は、既存顧客には「定期販売」です。ニュースレターだけでは直接購買にはつながりません。そのため、確実に売上を獲得するには、セールスレターでしっかりと売り込むことが重要です。

　一方で見込み客に対する目的は、「そのうち客」から「今すぐ客」にすることです。つまり、様々な商品を具体的に伝えることで、顧客の購買意

欲を高めていくのです。

◆ニュースレターの特徴◆

- 顧客へ定期的に配信するツールで、会社（社長）から顧客へ送付する「手紙」のイメージ
- 「顧客への手紙」のため、このニュースレターで売り込むのは基本的にNG
- 送付の対象は、見込み客と既存客の双方で、共に「価値浸透」と「信頼関係構築」が主な目的
- 見込み客、既存客、共に定期接触が大切なため、定期訪問の代わりにニュースレターを送付することで、定期訪問しなくても、定期的なアプローチが可能となる

◆セールスレターの特徴◆

- 顧客に、販売や来店促進のために配信するツール
- ニュースレターと異なり、セールスレターは、既存顧客に対して「売り込む（来店を促す）」ことが目的
- 送付先は、セールスレター同様、見込み客と既存客の双方
- 見込み客に対する目的は、「そのうち客」を「今すぐ客」にすること。既存客に対する目的は、「定期販売」
- ニュースレターだけでは、直接購買にはつながらないため、販売を促進するためのセールスレターも重要

11-2
セットで展開させるが「混在」はNG

●ニュースレターとセールスレターは一緒に送付する

　ニュースレターの目的は「価値浸透」と「信頼関係構築」、セールスレターの目的は「販売」と「集客」です。つまり、セールスレターは短期的な売上に効果があり、一方でニュースレターは中長期的な売上に有効だと言えます。

　したがってニュースレターだけ送付していても目の前の売上の効果は期待できず、セールスレターだけ送っても、顧客をリピーターやファンにすることは困難です。

　売上実績を上げるには、短期的な売上と中長期的な売上の双方を考えなければなりません。そのため、ニュースレターとセールスレターは一緒に送付するのがベストです。

●ニュースレターとセールスレターの内容を混在させてはいけない

　ニュースレターとセールスレターを一緒に送る必要がありますが、内容を混在させてはいけません。

　具体的には、表面1枚の中に2つを混在させたり、同じ項目の中に、ニュースレターとセールスレターの内容を混在させたりすることです。手紙のつもりで読んでいて、いきなり売り込みになったら、せっかくの信頼関係が崩れてしまうからです。

　ニュースレターとセールスレターの双方を作成するのは、大変な負担がかかります。そのため、あらかじめ構成を決めて、フォーマットを作成しておくことをお勧めします。

　また、さらに負担を軽減するために、表と裏に分け、表面をニュースレター、裏面をセールスレターにする方法もあります。紙を分けなくても、

表裏で分かれているので問題ありません。顧客側も1枚受け取るだけでいいので、気軽に手に取ってもらえます。

◆ニュースレターとセールスレターの混在レターの場合◆

◆ニュースレターとセールスレターが分離している場合◆

11-3 ニュースレターを構成する項目について

●一般的な項目の例

ニュースレターは様々な構成が考えられますが、参考として、必要な項目をあげて説明します。

◆ニュースレターの項目例◆

項目	説明
ロゴ	・ロゴは、顧客が自社を判別し、思い起こすために重要な要素です ・ロゴを入れることで、ターゲット顧客へのロゴの浸透度が高まり、「ブランド再認」されやすくなります
タイトル	・タイトルの付け方は大きく2つあります ・1つは「会社名か商品名(ブランドを構築したもの)＋通信・新聞・便り等」にする方法です。これによって、ブランドを構築したい会社名か商品名を頻繁に目にするため、それらが顧客に浸透し、「ブランド再認」されやすくなります ・もう1つはブランド・アイデンティティにする方法です。これにより、ブランド・アイデンティティを、顧客のブランド・イメージに近づけることができ、顧客のニーズが発生した時に当社を直接思い出す「ブランド再生」されやすくなります
ブランド・アイデンティティ	・タイトルを「会社名＋通信・新聞・便り」にした場合、タイトルの下(目に留まりやすいところ)に、自社の価値を端的に表現したこのブランド・アイデンティティを入れます ・定期的に配信されるこのツールにブランド・アイデンティティを入れることで、価値が浸透し、ブランディングの目指す「ブランド・アイデンティティ＝ブランド・イメージ」に近づけることができます
差出人の写真・イラスト	・ニュースレターは、顧客への「手紙」であり、差出人が誰なのかが伝わることが重要であるため、差出人の顔写真かイラストを入れます ・読者は、この顔写真やイラストを見ながらニュースレターを読むため、この顔写真の人物が、手紙を送ってくれているようなイメージを持つことができ、手紙の差出人をより身近に感じながら読むことができます ・その結果読者は、顔写真の相手に対し、より信頼感を抱くようになります

項目	説明
アイキャッチ	・「アイキャッチ」とは、ツールなどの媒体に人を引き付けることです。見て読んでもらいたい媒体は、まずはアイキャッチを使って顧客を引き込むことで、それ以降の内容を読んでもらえるようになります ・チラシなどは、このアイキャッチがないと、ほとんどの場合が読まずに捨てられてしまいます。そのためとても重要な項目になります ・紙媒体でよく活用されるアイキャッチは「キャッチフレーズ」がありますが、「漫画」が最も効果的です。なぜなら漫画は最初に「読む」ではなく「見る」で反応できるため読む側にストレスがなく、老若男女の万人に受け入れられるからです ・ただし、単なるイラストでは不十分で、ストーリーのある漫画（１コマ漫画、４コマ漫画など）が必要で、さらに、登場人物のキャラクターが明確で魅力があると、より訴求力が高まります
社内情報 個人情報	・この項目は、会社の出来事や、個人的な出来事（事実）と、その時に感じたことを書きます ・人は、知らない相手には冷たく、知人には温かくなります。また、相手をよく知ることで、相手に対して信頼感を抱くようになります。そのため、仕事とは関係のない、個人的な内容でも大丈夫です ・内容は、出来事などの「事実」だけではなく、その時の「感情」を書くことで、相手は共感できます。その共感によって、より関係性が深まるのです ・その他、ここで個人の「人柄」を示すことで、安心され、顧客とより距離を縮めることができます
お役立ち情報	・「お役立ち情報」とは、その商品に関する、顧客に役立つ情報のことです ・顧客の知らない、ネットにも載っていないような情報によって、差出人が専門化として見られるようになります。つまり、専門家としてのポジショニングを確立できます ・専門化として認知されると、顧客から尊敬され、頼りにされます ・このように「個人情報」での「人柄」に加え、「専門性」を認知されることで、顧客との信頼関係は高まります
その他	・（会社情報）スタッフ紹介、業界情報 ・（娯楽）クイズ、占い ・（地域・文化）季節情報、地域情報 ・（その他）問合せコーナー

11-4
セールスレターを構成する項目について

●一般的な項目の例

　ここではセールスレターの主な項目とその説明を明記します。

　セールスレターは、紙だけで売り込むツールです。読者は、その紙だけを見て、購入するかどうかを決めます。

　そのため、なるべく多くの情報を盛り込むことがポイントです。単に商品名・写真・スペックだけが書かれていても、顧客の心には響きません。少なくとも、その商品の特徴や差別化情報（強み）が必要です。

　また、それ以外にも、顧客が知り得ない、興味を持ちそうな情報をたくさん明記することが効果的です。

　次ページに詳細情報の例を示しますので参考にしてください。

　中には、「文字が多いと読まれないのではないか？」と心配する人もいます。しかし、たくさん書かれている情報を読まない人は、元々興味のない人であって、少ない文章であっても読みません。

　一方で、興味を持った人は、たくさん情報を得たいと考えます。だから、文字が多くても読むのです。そして多くの情報を読むことで、欲求が高まっていって、購入するのです。そのため、可能な限りたくさん情報を入れてください。

●ニュースレター、セールスレターの事例

　200〜201ページにニュースレターとセールスレターの事例を示します。ブランド解説書の事例を示した「精肉・惣菜小売店」で、月に一度発行するタイプのものです。

　小さなお店の場合、ニュースレターやセールスレターの作成は煩雑で負担になります。そこで、フォーマットを決め、表面をニュースレター、裏

面をセールスレターに分けて、来店してくれた顧客に配布します。

◧セールスレターの項目例◧

項目	説明
販売したい商品	• セールスレターの目的は「セールス」であるため、まずは売りたい商品が必須です。そのためには、最低限の情報は必要です。具体的には、「商品名」「写真」「スペック」です • 当然これだけでは、顧客は買ってくれないので、以下の「商品の詳細情報」も必須です
商品の詳細情報	• まずは商品の一般仕様に加え、詳細の情報が必要です • ポイントは、体裁にとらわれず、できるだけ多くの情報を盛り込むことです。以下に、詳細情報の例を示します 【詳細情報の例】 • 特徴、差別化情報（強み） • ベネフィット • よくある質問に関する回答 • 製造までの裏話、苦労話、開発秘話 • 顧客の声や反応
集客のためのイベント	• 商品のセールスでなく、店に来てもらって購入してもらうような商品の場合は、イベント情報などで集客する必要があります • 定期的に開催するイベント情報を、ネット以外に、このセールスレターでも案内するといいでしょう
オファー	• セールスレターで購入した時の特典です • 例えば、割引チケットを付ける等です
申込み用紙	• 紹介した商品を申し込むための申込み用紙です • 「申込み用紙」という「紙」で申し込むとなると、郵送かFAXになります。その場合、相手に負担がかかるため、気軽に申し込みができるよう、電話やネットでの申し込み方法も記載しておきます • ただ、ネットや電話だけで申し込む場合でも、「申込み用紙」があったほうが有効です。なぜならこの「申込み用紙」は、お客様の背中を押す効果もあるからです

◆ニュースレター、セールスレター事例：精肉・弁当小売店◆

【ニュースレター（表）】

ロゴ：狛江フーズ Komae 黒毛和牛A4メスの店

タイトル：狛江フーズだより 2019年4月号 No.40

ブランド・アイデンティティ：和牛本来の美味しさが味わえる「A4メス」の高級黒毛和牛を使った、バラエティ豊かなお弁当を、適正価格で販売しております。

アイキャッチ

差出人の写真

てらっち社長の日記
うちの若手は40歳！

　当店には山本さんという、食肉技術で超一流の腕を持つベテラン社員がいます。その山本さんから、肉の知識やカット技術などについて、手とり足とり厳しい指導を受けている入社2～3年目の若手社員が2人います。大柄なフジ（藤田）と、小柄なタッキー（滝本）です。この「フジ＆タッキー」の凸凹コンビは同い年の40歳です。
　2ヶ月前、山本さんが突然腰痛になり、急遽休むことになりました。私は当初「やばい！」と焦りましたが、山本さんが「あの2人はもう大丈夫だよ」と言って、フジ＆タッキーに業務を託しました。すると、2人はかなりの腕前に成長していて、山本さんの仕事をしっかりこなしていました。2人の仕事ぶりを見て私は安心しました。山本さんは、今は腰がだいぶ良くなり、仕事に復帰してくれていますが、若手をしっかり育ててくれていた山本さんには大感謝です！

お役立ち情報
すごい牛肉パワー② 脂質

　エネルギー源のひとつ脂質は、体内に限りなくある細胞（膜）の材料で、生命維持に欠かせません。例えば、情報伝達に大切な神経細胞の膜は、脂質が不足するともろくなり、記憶が失われやすく「うつ」状態を招きやすくなります。ホルモンの分泌・体調の維持・管理にも関わります。
　「動物性タンパク質は体に悪い」は誤解です。食肉には体内で合成できない脂質が多く含まれて、健康への強い味方です。主食や野菜とバランスよく食べたいですね。
　ご長寿の方は、動物性食品をしっかり摂っていて、脂肪分を控えていないというデータがあります。厚生省の栄養所要量をみても、高齢な方ほど、摂りたいタンパク質の割合が高くなっています。お肉をおいしく食べて、ますます健康・長寿を目指しましょう！

社内情報 個人情報

お役立ち情報

【セールスレター(裏)】

今月のご紹介商品
新作!! 牛タン、特上カルビ弁当
(900円)

今月のご紹介商品は、牛タンと特上カルビのコラボレーション弁当です。牛タンの一番柔らかい部分だけを使用し、マザーズ厳選メスA4のカルビと組み合わせて、当社で開発した醤油ベースのオリジナル特性タレをからませた、とても贅沢なお弁当です。

4月のイベント
4月12日(金),13日(土)はすき焼きの日
～牛肉1,000円以上お買い上げの方に、両日とも先着20名様に「島田屋の豆腐一丁」プレゼント～

肉料理の中で最も「肉の質、味」がわかる料理がすき焼きです。狛江フーズは、第2(金)(土)は「すき焼きの日」です。今回は、それぞれの日で先着20名様に、「島田屋の焼き豆腐」を1丁プレゼント!

GW(4/27(土)～5/6(月))は焼肉セット
～焼肉セット5点盛(400g入 3,500円)ご注文の方には、もれなく「焼肉の特製たれ」をプレゼント～

焼肉の希少部位(カルビ、ザブトン、ミスジ、サンカク、豚とろ)を集めて、特製タレを付けて、セット販売いたします(希少部位のため、商品は多少変更になる場合もあります)。

狛江フーズのこだわり

牛肉

牛肉は、ちょうどいい脂身と適度な柔らかさで、和牛本来の旨味が味わえる「A4メス」の高級黒毛和牛を厳選して販売しています。

豚肉

豚肉は、プロ厳選の長野県産「信州高原豚」を、産地直送で販売しています。柔らかく、味の濃い、豚の旨味が凝縮された豚肉です。

鶏肉

鶏肉は、プロ厳選の青森県産「みちのく縄文鶏」を、産地直送で販売しています。丁寧な肥育と安全管理で、低カロリーでソフトな銘柄鶏です。

 狛江フーズの宅配サービス
電話・FAXでご注文頂ければ、ご自宅までお届け!

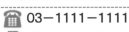
03－1111－1111
03－1111－1111
定休日:1/1～1/4

(株)狛江フーズ
〒111－1111 東京都和泉市和泉町1－1－1
営業時間:10:00～19:30
TEL: 03-1111-1111 FAX: 03-2222-2222
HP: http://www.izumi-foods.co.jp/index.html
ブログ http://izumi-foods.blogspot.jp/
※ Facebook、twitterもやってます!!

店舗写真	地図

第12章

リピーターと
ファンを増やす
顧客管理の方法

12-1 新規顧客開拓の具体的手法

●新規顧客の対応プロセス

　新規顧客を開拓するためには、未認知客を、そのうち客、今すぐ客に成長させて、顧客にします。

　このプロセスを経由することで、見込み客の間に価値を浸透させ、信頼関係が構築でき、そのうえで購入してもらえるので、基本的に競合もなく、値引き交渉も不要となり、さらにリピーターやファンへの成長が容易になります。

　新規開拓の具体的な方法は、まずはターゲットを選定してターゲットリストを作成します。ターゲットリストは、会社名、住所、電話番号、アドレスなどを一覧にしたもので、これらを見ながら連絡します。次にテレアポをして、アポを取ったら訪問し、前述の「ブランド・アプローチマップ」どおりに実施していきます。

●初回訪問時にすること

　初回訪問で実施することは、(1)自己紹介をして、まずは相手の心理的な壁を取り払い、(2)1枚提案書を使って価値を伝え、見込み客かどうかを判断し、(3)相手の状況をヒアリングして現状把握をして、(4)ニュースレターとセールスレターの定期配信について許可をもらいます。

　ヒアリングの内容は、①今使用中の商品は何か、②その良いところと悪いところの使用状況、③当社の強みと比較して良いところ悪いところと、その理由を確認すること、の3点のみです。これら3つの情報だけで、個別にどのようにアプローチするか検討できます。

　初回訪問でヒアリングする内容はこれら3点だけであることを認識して、確実にヒアリングを行うことで、営業の品質は高まり、さらに、ヒアリン

グの内容がわからず悩む営業マンのストレスも解消されます。

なお、見込み客のうちに、ヒアリングした顧客情報により個別に対応することも、営業として重要です。そのため、ニュースレターとセールスレターの定期配信以外に、必要に応じて個々の顧客に合わせた個別対応の営業活動を実施していきます。

◇新規顧客開拓の管理◇

成長プロセス	①未認知客⇒②そのうち客⇒③今すぐ客⇒④１回客
新規顧客の対応プロセス	(1)ターゲット選定（業種、地域等で絞る） (2)ターゲットリスト作成 (3)テレアポ (4)初回訪問、ヒアリング（情報収集）、そのうち客化 (5)定期アプローチ、今すぐ客化 (6)今すぐ客の個別対応、１回客化
初回訪問での実施内容	(1)自己紹介（「自己紹介ツール」活用） (2)１枚提案書の説明 (3)ヒアリング　①今使用中の商品は何か　②使用状況（良いところ、悪いところ）　③当社の強みと比べてどうか　⇒良いところ、悪いところ、その理由 (4)ニュースレター、セールスレターの定期配信許可
営業報告	「顧客シート」に内容を整理して報告し、部門で共有（送付）（報告義務なし⇒担当者は緊張感なく、情報収集しない）
顧客管理	・「顧客シート」で中身（ヒアリング情報）を管理 ・「顧客進捗表」で新規顧客の進捗（顧客ステップ）を管理

12-2 既存顧客営業の具体的手法

●既存顧客の対応プロセス

既存顧客向けでは、1回客に、定期的に購入してもらえるよう、リピーターやファンになってもらうことが目標です。

対応方法は、ニュースレターとセールスレターの定期アプローチの他、各顧客で「採用商品」を整理し、次に何を提案するかを決めて対応することが重要です。それらを踏まえて、おおよその「訪問頻度」を決めると良いでしょう。また、別の人を紹介してもらうための「横展開」も重要です。

●定期訪問時にすること

一度購入してもらっても、いつ他社に流れるかもしれません。そのため、定期訪問することが大切です。ニュースレターとセールスレターで情報を定期配信しているため、それほど頻繁に定期訪問する必要はありませんが、それでも顔を見せる行為は重要です。

既存客は、他社へ逃げないよう、顧客の現状を把握することが重要です。そのためのヒアリング内容は、主に①自社の製品の使用状況（良い内容、改善すべき内容）、②今後の見込み（いつ、どれだけ売れるのか）、③業界トレンド（顧客の業界で何か大きな変化が起きていないか）、の3点です。

定期訪問では、これらの情報をしっかり収集して、新たな提案や改善につなげていき、顧客満足度を向上させる対応が重要です。

定期訪問が難しいのは、訪問する理由が見つからないこと、そして何を聞いたらいいのかわからなくなることが大きな要因です。そのため、必要な情報を認識し、それらの情報を更新するために訪問する、という意識があれば、定期訪問の目的が明確になりますし、営業マンに不要なストレスがかからなくてすみます。

その他、相手の状況を見ながら、未採用の商品の紹介や、他の担当者の紹介による横展開を図っていくことも重要です。

◘既存顧客開拓の管理◘

成長プロセス	④1回客　➡　⑤リピーター　➡　⑥ファン
対応方法	・定期アプローチ（ネット、訪問） ・各顧客で「採用商品」「訪問頻度」を整理 ・各顧客で「次回アクション」を決定 　（次に何を売るか、横展開、等）
アプローチ方法	・ニュースレター、セールスレターを定期送付 　⇒ニュースレターで関係性構築 　⇒セールスレターで定期販売の促進 ・各レターの関連情報や、個別提案内容を持参して訪問
定期訪問でのヒアリング	【主なヒアリング内容（情報収集）】 ①自社の製品の使用状況（良い内容、改善すべき内容） ②今後の見込み（いつ、どれだけ売れるか） ③業界トレンド 【その他のヒアリング（セールス）】 ④会社で採用していない、別の商品の売り込み ⑤他の担当者・他部門の紹介 ※上記のヒアリングを各営業マンに徹底させる 　⇒「営業マン管理」で情報管理 　⇒「営業会議」で情報共有し、今後の施策検討
営業報告	「顧客シート」に内容を整理して報告し、部門で共有（送付）（報告義務なし⇒担当者は緊張感なく、情報収集しない）
顧客管理	・「顧客シート」で中身（ヒアリング情報）を管理 ・「顧客進捗表」で状況（購入商品、訪問頻度）を管理

12-3 顧客情報は「顧客シート」と「顧客進捗表」に分けて管理する

● 「顧客シート」「顧客進捗表」とは

「顧客シート」とは、ヒアリングした顧客情報を管理するものです。

一方で「顧客進捗表」とは、顧客の属性や、見込み客・既存客の状態・進捗状況の情報を管理するものです。つまり、顧客シートで顧客の「中身」の情報を管理し、顧客進捗表でそれ以外の情報を管理するのです。

ポイントは、これらを分離して情報の「中身」だけを管理できるようにすること、そして「中身」の情報を蓄積してプリントアウトし、いつでも見られる状況にすることです。これによって、個々の顧客に対して「何を提案すればいいのか」を吟味することができるようになります。

● 「作業と思考の分離の法則」とは

「作業と思考の分離の法則」とは、「作業と思考は同時にできないため、別々に実施する」ということです。

具体的には、「煩雑な情報を、まず整理して見やすい状態にして見える化し（作業）、その見える情報を見ながら考えて答えを出す（思考）」というものです。

これは、仕事のスピードと品質を同時に上げるためのコツです。作業は徹底的に効率化し、思考しやすい形に整理して見える化します。

そして思考は、思考する材料となる情報が見えていないと、思考しているようで実は思考停止に陥っている状態になり、考えることができません。

多くの会社で営業の品質が向上しない問題の１つは、顧客の「中身」を、「今後のアクションをどうするかを吟味できる状態」で管理できていないことです。顧客の中身の情報を、会社の属性や進捗状況などと合わせてパソコンで管理してしまうと、中身の情報をじっくり見る機会を失います。

そのため、個々の顧客にどのような対応をすべきか検討（思考）しないまま、繰り返し同じ顧客に営業するようになるのです。

特に営業という職種は、訪問や報告などの作業が多いため、思考する機会を失います。そのため、多忙な営業マンが、ストレスなく思考できるように、中身だけを取り出して見える化して管理することが重要なのです。

◘「顧客シート」と「顧客進捗表」の管理 ◘

名称	管理する情報
顧客シート	ヒアリング等で収集した、顧客の「中身」の情報
顧客進捗表	顧客の「属性」「見込み客・既存客の状態・進捗状況」の情報

◘ 作業と思考の分離の法則 ◘

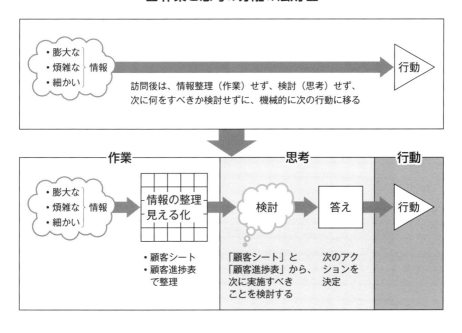

12-4
「顧客シート」のフォーマットと管理のポイント

●「顧客シート」のフォーマットの項目説明

　顧客シートは、顧客に関する「中身」の情報に特化して管理するためのシートで、主に個々の営業マンが、担当する顧客の状況を振り返って吟味する際に使用します。

　顧客シートは、①基本情報、②初回面談情報、③既存顧客確認情報、④ヒアリング情報の４つの構成に分かれます。①～③は固定情報で、④の情報を追加していき、過去から現在までの時系列で情報を管理できるようになっています。

　まずは「①基本情報」ですが、会社名や部門などの属性情報を整理します。「顧客No」は、次項で説明する「顧客進捗表」とリンクさせるための番号です。

　次に「②初回面談情報」ですが、初回面談の時にヒアリングする内容を明記する項目です。このように顧客の現状を整理して見える化し、この情報を元に今後のアプローチを検討していきます。また、初回面談時に実施すべきヒアリングは何かを確認するためにも役立ちます。

　「③既存顧客確認情報」は、顧客になった後に、定期訪問する際に確認すべきヒアリング情報です。既存顧客の定期訪問時にこのシートを持参することで、ヒアリング漏れを防ぐことができます。

　最後に「④ヒアリング情報」です。顧客からヒアリングした内容について、訪問のたびに追加していきます。訪問のつど、面談者と面談日を記入することで、過去の経緯を具体的に振り返ることができ、また顧客の担当者が変更になっても対応できるようになります。

　また、営業担当の名前も記入することで、自社の営業マンが変わって引き継ぎとなっても、簡単に引き継ぎが行えます。なお、訪問だけでなく電

話で重要な情報をやりとりした際も、ここに追加するといいでしょう。

このシートは、エクセルやワードで作成して、メールで部門内に共有しつつ、プリントアウトして自身で常に見られる状態にしておくことがポイントです。

◆顧客シートのフォーマット◆

会社			顧客No	
部門			初回面談	
担当			営業担当	
初回面談情報	現在採用商品			
	使用状況 ・良い点・悪い点 ・その理由			
	当社と比較した時の感想			
既存顧客確認情報	①自社の製品の使用状況（良い点、悪い点） ②今後の見込み（いつ、どれだけ売れるのか） ③業界トレンド、他社情報		④当社で未採用の商品の売込み ⑤他の担当者・他部門の紹介	
ヒアリング情報	面談者		面談日	
			営業担当	
	面談者		面談日	
			営業担当	

第12章　リピーターとファンを増やす顧客管理の方法

12-5
「顧客進捗表」のフォーマットと管理のポイント

● 「顧客進捗表」のフォーマットの項目説明

　「顧客進捗表」は、顧客の属性や、見込み客・既存客の状態・進捗状況の情報を管理するものです。

　管理はエクセルで行い、1社（1部門）1行で情報を入力します。見込み客・既存客のすべての顧客を一覧できるので、営業マンだけでなく、社長や管理者などが顧客全体を振り返る際に活用します。

　顧客進捗表は、①会社情報、②見込み客進捗状況、③既存顧客状況の3つの構成に分かれます。

　まずは「①顧客情報」ですが、会社名や部署名、連絡先などです。この項目では、必要に応じて詳細情報を管理してください。例えば、地域ごとに検索しやすいように、住所を県・市・その他などで列を分けてもいいですし、これを見てすぐ訪問するようにしたい場合は、最寄り駅の項目を追加してもいいでしょう。

　「②見込み客進捗状況」ですが、個々の顧客が現時点でどの顧客ステップにいるかを管理すると共に、各ステップで実施した内容の実施日を管理します。

　これにより、管理者がこの進捗表を見て、放置されている顧客がないかチェックすることができます。また、見込み客の「確度」もある程度正確に把握することができます。

　なお、そのうち客では「訪問頻度」を明記することで、定期訪問の目安を把握しておくことができます。

　「③既存顧客状況」では、「採用商品」と「次回アクション」「訪問頻度」を明記します。

　「採用商品」は、その顧客が購入した商品であり、これにより、まだ採

用していない商品は何かを把握でき、異なる商品の提案を検討することができます。

「次回アクション」は、次回訪問で提案すべき内容を決めて、見える化しておくことで、忘れずに実施したかを管理できます。最後に「訪問頻度」を明記することで、定期訪問の目安を把握しておきます。

◘顧客進捗表フォーマット◘

顧客No.	営業担当	顧客情報			
		会社名	部署名	TEL	mail	住所

※住所欄含む

見込み客進捗状況						
新規顧客						既存客	
未認知客	そのうち客			今すぐ客		1回客	リピーター
テレアポ	初回訪問	NL開始	訪問頻度	提案書提出（最新）	見積書提出（最新）	初回購入	2回目購入
（日）	（日）	（日）	（回/　）	（日）	（日）	（日）	（日）

既存顧客状況		
採用商品	次回アクション	訪問頻度（回/　）

第13章

営業マン管理とトークマニュアル、その他のツール

13-1
なぜ営業マンの管理は重要なのか

●営業職は他の職種よりも管理が難しい

　前章は「顧客」の管理でしたが、本章では「営業マン」の管理手法を中心にご説明します。

　営業マンは、通常の職種よりも管理が難しいと言えます。なぜなら、営業マンは基本的に外出して仕事をするため、普段は管理者の目が届かないからです。

　管理が不十分になると、営業マンは緊張感を失い、会社都合ではなく自分都合の行動をするようになります。つまり、営業マン自身が行きやすい客にだけ訪問するようになるのです。

　具体的には、まずは新規顧客開拓の営業をしなくなります。なぜなら、新規開拓は営業マンにとって非常にストレスがかかるため、ほとんどの営業マンが、できれば新規開拓はしたくないと思っているからです。

　保険の営業マンなどのように歩合制であれば別ですが、一般企業のサラリーマン営業であれば、通常は新規開拓営業をしてもしなくても給与は変わりません。同じ給与であれば、人は当然、楽なほうを選ぶわけです。

　そのため、管理機能が欠如すると人は楽なほうに流れ、その結果、新規開拓営業は実施されなくなるのです。

　一般的に、少子化や競争激化の影響で、既存顧客は一定割合で減少するため、既存顧客だけでは売上は減少していきます。そのため、新規開拓は会社が生き残るために必須なのです。

　また、既存顧客に対しても同様に、行きやすい客のみ訪問するようになり、行きたくない顧客や、気乗りしない顧客には、会社としての重要度とは無関係に訪問しなくなります。

　さらに、全般的に、既存顧客への定期訪問は、定期訪問する「理由」が

なければ訪問しなくなります。その結果、既存顧客との関係性は希薄になり、知らない間に他社へ流出するような事態も発生します。

このように、売上をしっかり確保して経営を安定させるには、新規と既存顧客の営業を確実に実施していくことが必要であり、そのためには、顧客管理だけでなく、営業マンの管理もしっかり行うことが重要なのです。

◧営業マン管理の重要性◨

管理が困難	営業マンは、外出して業務を行う。つまり普段は管理者の目が届かない場所で仕事をするため、管理が難しい
新規開拓営業未実施	・新規顧客開拓は、営業マンにとって非常にストレスがあり、管理しなければ新規開拓営業が行われなくなる ・既存顧客は一定割合で減少するため（少子化、競争激化等）、新規を開拓しなければ売上は減少していく
行きやすい客のみ訪問	・行きやすい顧客のみに訪問し、行きたくない、気乗りしない顧客には、重要度と無関係に訪問しなくなる ・全般的に、既存顧客への定期訪問は、訪問する「理由」が見つからないと訪問しなくなる ・その結果、既存顧客との関係性は希薄になり、他社への流出につながる

既存顧客と新規顧客の営業を、継続的に実施する体制を構築する（管理する）ことが、売上の安定に直結する

◧管理方法◨

管理手法	管理の内容
営業会議	顧客情報の共有、今後の対策
スケジュール表	翌週の訪問顧客と日時

13-2 「営業会議」による営業マン管理

● 「営業会議」の目的と議題、会議で使用するデータ等

営業会議とは、営業担当者と営業管理者全員で行う会議です。規模の小さい会社では社長も参加することがあります。

開催頻度は週1回で、1週間の始まりである月曜日の朝に実施することが望ましいです。なぜなら、人間は1週間の曜日単位で予定を決めたり行動したりするパターンが多いため、1週間の始まりの月曜日の朝に営業会議を実施することで、その週の営業活動を、質の高い、充実したものにすることができるからです。

営業会議の目的は大きく3つあります。

1つ目は「顧客情報の共有」です。各営業マンが、前の週に訪問した顧客の状況について報告します。この際管理者は、前述した「ヒアリング内容」の情報収集を漏れなく実施しているかをチェックします。営業会議で、各営業マンに、これらの報告を確実に実施させることで、営業マンが緊張感を持って、営業活動を実施するようになります。

2つ目は「個々の顧客の吟味」です。各顧客の必要な情報を確認しながら、今後の対応方法などを吟味します。つまり、この営業会議は、前述した「思考」を行う場なのでとても重要なのです。

もし営業会議がなければ、この顧客をどうするかを検討（思考）する場がないため、せっかく可能性の高い顧客であっても放置される可能性があります。

なお、営業会議を通じて、この「思考」を個々の営業マンが個別に実施できるように指導することもできます。

3つ目は「訪問予定の確認」です。営業会議は1週間の始まりに実施するため、その週に各営業マンが確実に必要な顧客に訪問するかどうかを確

認します。

　議題は、上記3点に加え、管理者が「顧客進捗表」を見て放置されている客はないかを確認し、もし気になる会社があれば、営業会議の場で状況を確認するとよいでしょう。

　なお、会議で必要な資料は3点で、①顧客進捗表、②顧客シート、③スケジュール表です。

◆営業会議による管理◆

開催頻度	週1回、月曜日の朝が望ましい
目的	①訪問結果等の顧客情報の共有 ②個々の顧客の対応方法や問題解決について吟味、解決策構築 ③訪問予定の確認
議題	①訪問会社の報告 ②各顧客の状況に合わせた対応の検討 　【新規】受注に向けた今後の施策 　【既存】個々の問題解決、未採用商品の提案 ③訪問予定の顧客と、実施予定の確認 ④その他、放置客がないか等のチェック
使用する データ等	①顧客進捗表：各顧客の状態を確認したうえで中身の把握、吟味 ②顧客シート（先週訪問済みの顧客）：この中身を吟味 ③スケジュール表：訪問予定客、訪問目的の確認

13-3 「訪問スケジュール表」による営業マン管理

●訪問スケジュールは1週間単位で管理する

　営業マンが確実に既存顧客と新規顧客を訪問するために、各営業マン自身が、その週に訪問予定の企業と時間を記入するスケジュール表を作成します。

　このスケジュール表は、単にスケジュールを確認するものではなく、各営業マンを管理するために活用します。そして各営業マンに、毎週月曜日午前中の営業会議で配布させて、今週の予定を報告させます。

　スケジュール表は、1週間単位で作成します。人間は1週間の曜日単位で予定を決めたり、行動したりするパターンが多いためです。

　なお、1か月単位のスケジュール表を作成する会社もあります。これは1か月先までの訪問の見通しを見える化できる点で有効ですが、顧客の状況によって変更になる場合があり、また、営業マンの負担も大きく作業が機械的になって、入力が適当になる傾向があるため、1週間単位のみで問題ありません。

　スケジュール表による営業マン管理で重要なことが2つあります。

　1つは、会社あるいは各部門の方針として、1週間の「新規顧客」の訪問件数を決めて徹底させることです。もちろん、個別の事情で訪問できない場合も出てきますが、そこは臨機応変に対応するとして、原則としての訪問件数を決めるのです。

　もう1つは、新規顧客については、アポを取ったうえで記入することです。アポを取らずに、単に「予定」として記入するだけでは、予定を記入するという「作業」になり、実際に訪問しなくても記入するようになります。そうなると、このスケジュール表が形骸化してしまい、管理機能を失ってしまいます。

例えば、会社として1週間で4社の新規顧客を訪問することを決めたら、スケジュール表には、4件のアポ済みの新規顧客と訪問時間が記入された状態になります。

なお、既存顧客については、アポなしで行くケースも多いので、予定で記入することも問題ありません。ただし、予定していた顧客が訪問できなかった場合は、営業会議でその理由を説明させることが大切です。

◪訪問スケジュール表（例）◪

				営業	寺嶋直史	
		AM		PM		
4月13日（月）	時間	9:00		14:00	16:00	
	訪問先	営業会議		狛江電機	和泉工業	
	新/既			既存	既存	
4月14日（火）	時間	10:00		13:00		
	訪問先	下北商事		調布電子		
	新/既	既存		新規		
4月15日（水）	時間			15:00		
	訪問先			経堂電気		
	新/既			新規		
4月16日（木）	時間	11:00		13:30	15:00	
	訪問先	柿生製作所		和泉電子	町田物産	
	新/既	既存		既存	既存	
4月17日（金）	時間	9:30	11:00			
	訪問先	喜多産業	豪徳精密			
	新/既	既存	新規			

13-4
最初が肝心！「自己紹介」ツール

● 「自己紹介ツール」の目的と効果

「自己紹介ツール」とは、初回の訪問の際に、初対面の相手に、自分を知ってもらうために活用するものです。この自己紹介ツールを名刺の後に渡して、商品説明やヒアリングの前に、自己紹介をします。

最初に自己紹介をすることは、あまり重要視されていないことが多いですが、実は非常に大切です。なぜなら人間は、相手のことを知らないと、不信感や恐怖感を抱いてしまうからです。

6章104ページの「ザイアンスの法則」で示したように、人は知らない人には冷たく攻撃的になります。そのため、お付き合いをするには、まず自身を知ってもらい、顧客のネガティブな感情を取り払うことが大切です。ネガティブな感情のままでは、話を聞いてもらうことさえできません。

また、心理学で「アンカリング効果」というものがあり、人間は最初に聞いたことが基準となってそこから動けなくなります。つまり、第一印象は持続効果が高いのです。そのため、初対面は「一期一会」の精神で、全力で臨むことが大切です。

なお、近年はデザイン名刺という、名刺の中に様々な情報を記載するケースも多いですが、一般企業の場合、名刺を個人でデザインすることはできません。そのため、このようなツールを活用することが有効です。また、名刺は小さすぎるため見にくく、情報も限定的となるので客の印象に残りにくくなります。

紙だと捨てられる可能性もありますが、それでも問題ありません。なぜなら、自己紹介ツールの目的は、前述のとおり初対面の顧客との心理的距離を一気に近づけるためだからです。

なお、相手が法人客であっても「個人」の情報を記載します。

●「自己紹介ツール」の構成

「自己紹介ツール」の例を参考に示します。特に決まったフォーマットはありませんが、大きく「個人情報」と「会社関連情報」に分けて明記すると効果的です。

「個人情報」は、自分自身の「人となり」を知ってもらい、プライベートで相手と共通する箇所を発見してもらうことで、相手に親近感を持ってもらいやすくなります。

「会社関連情報」では、相手に「この人に任せたら安心」と思ってもらうことがポイントです。

◆自己紹介ツール（例：事業再生コンサルタント）◆

【お約束】
100%お客様の立場で考え、ご提案します。

寺嶋 直史（てらじま なおし）

【個人情報】

生年月日	1968年9月16日	出身	大阪府
血液型	O型	星座	乙女座
趣味	読書、ペット（猫を飼っています）		
好きなTV	吉本新喜劇、ホンマでっか!?TV、アメトーーク！NHKスペシャル、クローズアップ現代、ガイアの夜明け、カンブリア宮殿		
好きなスポーツ	野球、日本代表のサッカー（どちらも観戦です）		
性格	一生懸命で、向上心がある お節介焼きで、責任感が強い		
Facebook	https://www.facebook.com/naoshi.terajima		

【会社関連情報】

得意分野	・事業デューデリジェンスからの戦略、戦術構築 ・売上アップ（営業、販促、マーケティング、ブランディング） ・「しくみづくり」による業務改善（自立、無駄排除の促進）
この仕事に関わったきっかけ	・元々お節介な性格なので、事業再生コンサルは自分に合うと感じた ・プロのコンサルとしてスキルを高めたいと思っていたところ、知人から「事業再生」という分野のコンサルティングがあることを知り、その時「ピーン！」ときた
仕事のモットー	・お客様の立場に立って考えること ・「スピード」「品質」「成果」にこだわること ・答えを出し、答えの品質を徹底的に上げるためPDCAを回すこと

どうぞよろしくお願いします。

13-5
「自己紹介スクリプト」で つかみはOK！

●ポジティブな印象を与えられる内容を作り込む

　第一印象は持続効果が高く、後々に大きく影響を与えるため、自己紹介は極めて重要だと説明しました。そのため、口頭での自己紹介も、しっかりと吟味して行うことが大切です。

　「自己紹介スクリプト」とは、初対面の相手に行う自己紹介のマニュアルです。口頭での自己紹介を作り込むため、前項の自己紹介ツールは必要ないと思われるかもしれません。しかし、自己紹介というものは緊張するもので、初対面の人に対しては特に緊張は高まってしまいます。自己紹介ツールがなければ、営業マンは自己紹介をしなくなってしまうのです。

　しかし、自己紹介ツールという「ツール」があれば、それを渡して自己紹介を開始すればよいですし、緊張で頭が真っ白になっても、そのツールを「あんちょこ」替わりに使えるため、営業マンのストレスは一気に抑えられます。

　そのため、「自己紹介ツール」と、この「自己紹介スクリプト」をしっかり吟味して作り込むことで、初対面の顧客でも自信をもって臨めますし、相手の印象も良くなるため、「つかみはOK」になります。

　その後は、日々の営業で「ハロー効果（目立つ特徴の1つが他の要素にも影響を与えてしまう心理現象）」を引き出す人間的魅力や心づかいを見せるとよいでしょう。内容は、相手に「この人に任せたら安心」と思ってもらえるように工夫することが大切です。

　なお、スクリプトは、最初の挨拶のところは、話す内容をそのまま明記しますが、中盤の、自身を紹介する詳細の内容については、箇条書き程度に整理することをお勧めします。

　なぜなら、詳細な内容をそのままそっくり話すように作ると、その文章

を「丸暗記」しようとして逆に度忘れしたり、細かい言葉に気を取られて話し方がぎこちなくなったりするからです。

◘ 自己紹介スクリプト（例：車のセールス）◘

営業マン	備考
・本日はお時間いただきましてありがとうございます ・会社のご説明の前に、まず私の自己紹介を、1分だけしてもよろしいでしょうか	・時間を最初に提示することで、相手にストレスを与えずに、自分をアピールすることができる
・ありがとうございます ・私、寺嶋直史と言いまして、大阪出身の32歳で、トヨサン自動車に入社して10年目になります ・趣味はドライブで、独身ですが、家には丸々太った猫がいます	・冒頭は簡単な自己紹介 ・プライベートを少しだけ盛り込む（個人情報を開示して、相手の距離感を縮める） ・「猫好き」で、人柄をアピール
・この仕事を選んだのは、とにかく車が好きだから ・また、元々自動車の整備士を目指して整備の専門学校に通って、自動車整備士の資格も取ったが、お客様から色々と質問を受けて、1つひとつご説明していたら、お客様から「とても丁寧に説明してくれてありがとう」と言ってもらえて、それがうれしかった ・それでスイッチが入って、どうしても営業に行きたいと会社に懇願して、3年前から営業に移らせてもらった	・「車のプロ」「車の説明が丁寧」「気軽に質問できる」ことを、さりげなくアピール
・仕事では、売り込むのではなく、とにかくお客様にご満足いただけることだけを考えて、うちの商品以外でも色々と調べてご説明することを心がけています ・どうぞよろしくお願いします	・「強引に売り込むタイプではない」ことをアピール ・「動きがいい」ことをアピール

13-6 テレアポは「スクリプト」を作成したら意外と簡単！

●ポイントを押さえて作り込む

　新規顧客の開拓で最初に実施するのは「テレアポ」です。テレアポは経験者にとっても非常にストレスのかかるもので、特に未経験の人にとっては恐怖に近い感情を持つかもしれません。

　しかし実は、スクリプトをしっかり作り込んで、実施する時間を1日1～2時間程度に限定して集中して行えば、それほど大変なものではありません。営業力がカギとなる会社などでは、新入社員にテレアポを担当させる会社も多いですが、つまり、まだ社会に出たての新入社員でもできるものなのです。

　テレアポで成功率を高めるポイントは、スクリプトをしっかりと作り込むことです。そしてテレアポでストレスを軽減するポイントは、電話で相手と「会話」をするのではなく、スクリプトを「読む」感覚で話をすることです。

　つまり、電話で感情移入したり、思考したりするのではなく、機械的に作業をするイメージです。最初は断られて落ち込んだりしてしまうかもしれませんが、「断られるのが当たり前」という前提で実施することが大切です。

　次ページにテレアポのスクリプトの事例を示しますが、ポイントがいくつかあるのでお伝えします。
①誰を呼び出すか、その人が不在の場合は誰にするかを決める
②説明のために訪問、話を聞くだけでも相手にメリットがあることを伝える
③Yes/Noの質問はしない（これを問われると人間は「No」と答えてしまう）
④曜日を指定する（人は曜日で動くため）

⑤断られた時の切り替えしを３つ考える

◘テレアポのスクリプト（例：クリーニング店）◘

相手	当社	備考
もしもし。〇〇です	・レヴィンクリーニングの〇〇です ・店長はいらっしゃいますでしょうか	
（店長不在の場合） 店長は不在です	・私はクリーニングを扱っている者ですが、 ・ご担当者様はいらっしゃいますでしょうか	
はい、〇〇（担当者）です	・突然のお電話で申し訳ありません ・私、レヴィンクリーニングの店長をしております、寺嶋と申します	
	・私ども、（制服・作業服・白衣）のクリーニングを取り扱っているのですが、 ・ご要望がございましたらと思いまして、お電話さしあげました	
	・リネンを含め、様々なクリーニングを一括で取り扱っておりますので、 ・お時間がありましたら、一度お伺いしてご面会させていただきたいのですが、 ・突然で恐縮ですけども、来週の〇曜日か△曜日は空いておりますでしょうか	曜日を指定して、選ばせる（Yes/Noの質問はNG） 空いている曜日を答えたら、アポ取り
（断られる①） 空いてない	・では、ご都合のいい曜日はいつがございますか	空いている曜日を聞き出す
（断られる②） 今忙しい	・承知いたしました。お忙しいところ大変失礼いたしました ・では、今月の後半で、例えば、〇日～△日当りはいかがでしょうか	期間を開けて、いくつか候補日を提案
（断られる③） 別の業者に依頼済み	・リネン以外の、例えばカーテンや椅子カバーなども取り扱っていますし、 ・今の業者様と比較していただくだけでも結構ですので、 ・ほんの10分程度で結構ですので、来週以降で少しだけお時間はいただけませんでしょうか ・例えば〇日以降で、ご都合のいい日はございませんでしょうか	相手にメリットあり＋ストレスフリー（短時間）をアピールして、再び日程を提案して再チャレンジ

13-7
営業マンに必要なスキルは「顧客軸」と「行動力」

●「そのうち客」や「既存客」では営業マンのスキルが重要

　本書では、しくみを構築し、ブランディングのツールを使い、必要な管理を行うことで、営業マンのスキルアップが不要になることを目指しています。しかしこれだけでは十分ではありません。

　なぜなら「今すぐ客」の時は個別に顧客と様々なやりとりが必要になりますし、既存客をリピーターやファンにするためには、営業マン自身が日々の営業活動を通じて、顧客と信頼関係を構築しなければならないからです。

　しかし、営業マンに必要なスキルは様々で、営業マンのスキルアップに関する書籍は山ほど出版されていますが、それらすべてのスキルを習得することは困難です。そこで、必要な最低限のスキルについてご説明します。

　まず人というのは好きな人からモノを買いたいと思います。どのような人を好きになるかというと、「自分のことを気にかけてくれる人」です。

　営業マンは、顧客に「この営業マンは常に自分のことを考えてくれる」「自分のことで一生懸命になってくれる」と感じてもらうように対応することがポイントです。そのために必要なのが「顧客軸」と「行動力」の2つです。

　「顧客軸」とは、常に顧客の立場に立ち、顧客の利益を最優先に考えることです。営業マンは営業成績を上げなければならないため、会社都合や自分個人の都合などを優先に考えがちになります。しかし、顧客にリピーターやファンになってもらい、長いお付き合いをしてもらうには、常に顧客の利益を第一に考えて、コミュニケーションを取り、行動することが必要です。

　もう1つが「行動力」です。顧客の要望に対して、常にスピーディに対応する行動力が、顧客の信頼を高めるのです。

2つを徹底すれば、細かい営業テクニックやスキルはさほど問題にはならないのです。

13-8
よく活用される
その他の有効ツールも検討する

● 「ブランドブック」はブランドの総合案内

　最後に、本書でご紹介した以外で、よく活用され、有効なツールについてご紹介します。

　まずは「ブランドブック」です。ブランドブックとは、ブランドの総合案内のようなツールで、ブランドに関する詳細の内容を紹介するためのツールです。

　前述のブランド解説書は社内向けにブランドを浸透させるためのツールですが、ブランドブックは社外向けにブランドを浸透させるためのツールです。そのため、ブランド解説書で整理した自社の価値や強みを、いかに社外の人にわかりやすく伝えるかがポイントになります。

　ブランドブックは、個々の会社によってその作り方は大きく変わります。ただし、社外向けのわかりやすい内容である必要があるため、文章だけでなく、イラストや写真、図表などを効果的に活用することが重要です。

　社外向けなので、価値に合わせたデザインを作り込むことも必要ですが、ポイントはブランド解説書で整理した価値や強みを顧客に確実に理解させることであり、それらを効果的に、かつわかりやすく伝えるための構成を考えることが最重要課題になります。

　次に「事例集」ですが、特にメーカーにとっては重要です。例えば、ご紹介した1枚提案書の裏面に、事例を掲載するのも有効です。

　続いて「ホームページ」ですが、ホームページは、会社の情報や価値などを総合的かつ詳細にまとめたものです。人は企業を、まずはホームページを見て判断するため、なるべく多くの情報を、詳細に明記することが重要です。

　その他、ランディングページや紹介ツールなどがありますが、これらは

第10章で紹介した「1枚提案書」で代替できますので、そちらを活用してください。

◪その他のツール◪

ツール名	説明
ブランドブック	・ブランドの持つ価値をまとめた小冊子 ・自社の価値が詳細に、わかりやすく明記されたもので、自社の価値を、短時間で正確に理解、認識させることが可能 ・顧客だけでなく、社内への価値浸透（社員教育）にも活用でき、ブランディングを全社的に取り組めるようになる
事例集	自社の商品・サービスの事例をまとめたもの
ホームページ	・会社情報、価値等を総合的かつ詳細にまとめたもの ・新規顧客はホームページを見て自社を判断するため、会社、商品、沿革、ビジョンなど、会社に関するあらゆる情報を掲載することが望ましい
ランディングページ（LP）	・1つの商品やサービスを売るための、1枚の長いWEBページのこと ・構成やコンテンツは「1枚提案書」のとおりに作成する
紹介ツール	・顧客に、口コミしやすくするためのツール ・最も満足した時に依頼するのが効果的 ・「1枚提案書」を活用する

おわりに

　「ブランディング」といった言葉が、ビジネスの現場ですっかり一般的に用いられるようになった。しかし、2000年代に入るまでは、中小企業にはほとんど浸透していない言葉だった。

　2000年代初め頃から、ブランディングに興味があり、関連書籍を購読し、当時はブランディング関連のセミナーはあまり見かけなかったが、新聞社主催の「ブランド・マネージャー養成講座」に数日間参加した。

　その講座は、著名企業のブランド・マネージャーの事例発表が中心で構成されていた。刺激的な内容ではあったが、当時の私には大手企業の事例を中小企業に応用する方法がわからなかった。

　このようにインプットを繰り返しながら、再現性のあるブランディング手法の模索を続けた。しかし、なかなか見つけることはできなかった。

　それから数年後、見つけられないのであればということで、ブランド・マネージャー認定協会（以下、協会）を2008年に立ち上げ、ブランド論の専門家のお力を借り、独自のメソッドで考案されたカリキュラムを開発した。

　学術的で難解だったブランド論をわかりやすく解説すると共に、机上の空論で終わらせないための様々な仕掛けで、現場で活用可能なスキルを身に付ける講座を展開することに成功した。

　その後、協会受講者によるブランディング事例は着実に増え続け、毎年開催するコンテストでは、優れた事例に各賞を授与している。成功事例が増え続けていることで、協会で提供するカリキュラムが、机上の道具ではなく、現場で使え、再現性があるものと確信するに至った。

　さて、協会設立初期の頃、起業後間もない本著者と縁があった。寺嶋氏は協会の講座をすべて受講し、その後も飽くなき探求心で多くのブランド戦略関連書籍を読破するなど知識を深めていった。当時から独自の問題解決思考と、解決に至るまでの尋常ではないスピード感に感銘を受け、数種

のプロジェクトにも参加いただき、中小企業のブランド戦略コンサルティングを共に実施した。

　中小企業の経営者に向き合いながら現場での経験を積み重ねてきた寺嶋氏は、小さな会社の売上アップを目的にノウハウを体系化し、経営コンサルタント志望者向けに自ら養成塾を主宰し、ノウハウを伝授するまでに至っている。

　本書は、大量の知識のインプットと現場での実践による再現性の実証、そして経営コンサルタント育成のためのアウトプットを経た寺嶋氏の集大成の内容と言えるだろう。

　ブランディングに関しては、協会カリキュラムを元としているが、小さな会社の売上アップを第一目的としているため、一部改変されている。

　また、ブランディングを軸としつつも、販売促進から営業活動に至るまでの設計手順と、具体的なノウハウが詰まった実践書である。

　売上アップの手順書「ブランド・アプローチマップ」や、営業・販促の必須アイテムである万能チラシ「１枚提案書」などは寺嶋氏のオリジナルメソッドだ。その他「ニュースレター」「セールスレター」などの販促ツールから「営業マン管理」「トークマニュアル」に至るまで、営業・販促を強力にサポートするツールの設計手順と活用方法に事例を交えて詳細な解説がある。

　このように惜しみなく提供されている内容は、まさに小さな会社の売上アップを目的としたノウハウの宝庫とも言えるだろう。

　特に従業員10名以下の経営者にお勧めする内容であり、このような会社を支援するコンサルタントにも実務に活かしていただきたい。中小企業の発展のために本書が寄与していくことを願っている。

2019年9月

　　　　　　　　　　　　一般財団法人ブランド・マネージャー認定協会
　　　　　　　　　　　　代表理事　岩本俊幸

┌───┐
│   【読者限定特典】   │
│   │
│ 「ブランド解説書」「ブランド・アプローチマップ」「1枚提案書」│
│   各シートのフォーマットのダウンロード方法   │
└───┘

　本書をご購入いただいた方に、特典として、本書でご紹介した「ブランド解説書」「ブランド・アプローチマップ」「1枚提案書」のフォーマットを、下記の方法でWebからダウンロードしてご利用いただけます。

※ご登録いただいたメールアドレスは、株式会社レヴィング・パートナーと一般財団法人ブランド・マネージャー認定協会にて、お客様と連絡を取るという目的以外では使用いたしません。

①ブラウザを起動し、アドレスバーに下記URLを入力して、株式会社レヴィング・パートナーのホームページにアクセスします。

②表示された「株式会社レヴィング・パートナー」のホームページの【書籍『儲かる中小企業になるブランディングの教科書』をご購入のお客様特典】の「いますぐダウンロードする」ボタンをクリックしてください。

③以下のIDとパスワードを、画面に表示される「ID(あるいはユーザー名)」*と「パスワード」欄に入力して、「OK(あるいはログイン)」*ボタンをクリックします。

　ID：978453

　パスワード：4057204

④申込フォームに必要事項を記入し、「申込」ボタンをクリックします。
⑤「申込」ボタンをクリックしてしばらくすると、④で入力したメールアドレス宛に、ダウンロード案内のメールが届きます。メールの本文にアクセスすると「ダウンロードしますか?」*と表示されますので、許可してダウンロードしてください。

＊ご使用のブラウザによってコメントは異なります。

ブランド解説書

【ブランド解説書】

■ブランド・アイデンティティ
※ 当社が「顧客にどう思われたいか」を表現したもので、これを社員全員が目指すべき「ゴール（ビジョン）」として仕事に取り組む

ブランド・アイデンティティの説明（理由・背景）	
その他の強み、特徴、こだわり	
強みの根拠（過去の実績、社歴、評判、保有資格、表彰、調査・研究結果等）	

【日常の業務で守ること、気

必ず実施する（守る）こと	
禁止事項	

■顧客

ターゲット顧客	メインターゲット	
	サブターゲット	
顧客のニーズ・ウォンツ		

■競合他社

1	
2	
3	

ターゲット顧客

キャッチフレーズ

こんなことでお悩みではありませんか？

問題点①	問題点②

「問題を解決する」旨のセリフ

特徴1

特徴2

特徴3

オファー

連絡先	入口・内部写真	地図
会社情報		

【ブランド・アプローチマップ】

顧客ステップ	目的
未認知客	・見込み客の判別 ・属性入手
そのうち客	・信頼関係構築 ・価値浸透
今すぐ客	・個別要求の対応 ・顧客化（受注）
1回客	・信頼関係向上
リピーター	・忠誠心向上 ・横展開
ファン	・ファンとしての満足度向上

1枚提案書

ブランド・アプローチマップ

施策	ツール	頻度

**ぜひ
読者限定特典である
各シートのフォーマットの
ダウンロードを！**

【監修者】
岩本俊幸（いわもと　としゆき）
一般財団法人ブランド・マネージャー認定協会の創設者で代表理事。株式会社イズアソシエイツ代表取締役。1991年、株式会社イズアソシエイツ設立。長年にわたり広告制作、コンサルティングに携わり、同社では、プライバシーマークのロゴデザイン開発など初期のブランド構築を手掛ける。主な取引先は、商社、銀行、人材派遣会社、メーカー、政府外郭団体から飲食店、美容室、小売店などの店舗ビジネス、通販会社まで幅広く取り扱ってきている。SMBCコンサルティング、三菱UFJリサーチ＆コンサルティング、みずほ総合研究所、百五経済研究所、浜銀総合研究所、日本経営合理化協会、ダイヤモンド社など講演実績多数。2008年、日本で唯一のブランド構築のプロフェッショナルを養成する専門機関として、(一財)ブランド・マネージャー認定協会を設立。講座には延べ約2,200名の受講者を持つ(2019年9月時点)。著書に『担当になったら知っておきたい「販売促進」実践講座』(日本実業出版社)、共著書に『社員をホンキにさせるブランド構築法』(同文舘出版)等がある。
一般財団法人ブランド・マネージャー認定協会
オフィシャルサイト：https://www.brand-mgr.org/

【企画協力】
インプルーブ　小山 睦男

【参考文献】
一般財団法人ブランド・マネージャー認定協会『社員をホンキにさせるブランド構築法』(2015年2月、同文舘出版)
田中洋『ブランド戦略論』(2017年12月、有斐閣)
鬼頭孝幸『戦略としてのブランド』(2012年10月、東洋経済新報社)
山田文美『自店のファンを10倍ふやす「ニュースレター」の書き方・送り方』(2017年11月、セルバ出版)
山田文美『商いと人生が輝く　ど演歌チラシ』(2018年7月、商業界)
岩本俊幸『担当になったら知っておきたい「販売促進」実践講座』(2017年10月、日本実業出版社)

【参考資料】
一般財団法人ブランド・マネージャー認定協会「ベーシックコース・アドバンスコーステキスト」

寺嶋直史（てらじま　なおし）
ブランド・事業再生コンサルタント。中小企業診断士。(株)レヴィング・パートナー代表取締役。大手総合電機メーカーに15年在籍し、部門で社長賞等多数の業績に貢献、個人では幹部候補にも抜擢される。その後独立してコンサルティング会社を立ち上げ、事業再生コンサルティングを行いながら、ヒト・モノ・カネの乏しい中小零細の再生企業を「ブランディング」と「問題解決」のしくみ構築で再生を実現している。その他「経営コンサルタント養成塾」という、1年で一流の経営コンサルタントを養成する塾の塾長として、金融知識、問題解決の思考法、ヒアリング手法などの基礎から、事業デューデリジェンス、財務分析、経営改善手法、事業計画、マーケティング・ブランディングなど、様々な講義をすべて1人で行っている。著書に『再生コンサルティングの質を高める　事業デューデリジェンスの実務入門』(中央経済社)、『究極の問題解決力が身につく　瞬発思考』(文響社)、共著書に『社員をホンキにさせるブランド構築法』(同文舘出版)等がある。一般財団法人ブランド・マネージャー認定協会　1級資格取得。
ホームページ　http://www.reving-partner.com/
メール　info@reving-partner.com

儲かる中小企業になるブランディングの教科書
2019年9月20日　初版発行

著　者　寺嶋直史　©N.Terajima 2019
監修者　岩本俊幸
発行者　杉本淳一

発行所　株式会社日本実業出版社　東京都新宿区市谷本村町3-29 〒162-0845
　　　　　　　　　　　　　　　　　大阪市北区西天満6-8-1 〒530-0047
　　　　編集部　☎03-3268-5651
　　　　営業部　☎03-3268-5161　振替 00170-1-25349
　　　　　　　　　　　　　　　　　https://www.njg.co.jp/

印刷／厚徳社　製本／共栄社

この本の内容についてのお問合せは、書面かFAX（03-3268-0832）にてお願い致します。
落丁・乱丁本は、送料小社負担にて、お取り替え致します。

ISBN 978-4-534-05720-4　Printed in JAPAN

好評既刊書籍

担当になったら知っておきたい
「販売促進」実践講座

販促の「基本」「目標設定」「計画」「実行（販促手法）」「評価・改善」を実践に即して解説。「直接的な販促」「媒体による販促（新規顧客向け）」「同（既存顧客向け）」「イベントによる販促」「HP、ブログ、SNSなどネットによる販促」等に完全対応！

岩本　俊幸
定価 本体 2300円（税別）

この1冊ですべてわかる
販促手法の基本

モノやサービスが売れない時代になり、店舗ビジネスや通販ビジネスにとって、「販売促進」が必要不可欠になってきています。チラシ、DMから、ポイントカード、クーポン、懸賞、インターネット・プロモーションまで、販促手法のすべてを網羅した一冊。

岩本　俊幸
定価 本体 1800円（税別）

定価変更の場合はご了承ください。